U0918911

艺术家和他们的女人

罗丹有一位女模特儿关琼，最后他们也产生了爱恋的关系，她曾写下一段感性的话："罗丹为我做的雕像，就像我们共同生下的孩子一样，是属于我的，也属于他的，而且透过爱，我们已经算结过婚了，我们比那些有孩子的夫妻更亲近，只因我们的孩子更美丽，更永恒不死。"

方秀云／著

百花文艺出版社
BAIHUA LITERATURE AND ART PUBLISHING HOUSE

图书在版编目（CIP）数据

艺术家和他们的女人/方秀云著. —天津：百花文艺出版社，2011.6

ISBN 978-7-5306-5783-6

Ⅰ.①艺… Ⅱ.①方… Ⅲ.①艺术家—生平事迹—世界②女性—生平事迹—世界 Ⅳ.①K815.7②K818.5

中国版本图书馆 CIP 数据核字（2011）第095679号

百花文艺出版社出版发行

地址：天津市和平区西康路35号

邮编：300051

e－mail：bhpubl@public.tpt.tj.cn

http://www.bhpubl.com.cn

发行部电话：(022)23332651 邮购部电话：(022)23332478

全国新华书店经销

河北省三河市宏达印刷有限公司印刷

*

开本 880×1230 毫米 1/32 印张 6.75

2011年8月第1版 2011年8月第1次印刷

印数：1—4000册 定价：36.00元

目录

爱与美的惊叹！（代序）

艺术家与缪斯之间的关系，是我近几年来不断思考的问题，虽然过去十年在英国念艺术史，但这议题与我的学术专攻一点都沾不上边，反而成了我私底下的艺术偏好。在生活上一向稳定的我，对于进入艺术家们的情色世界，简直等同于一场接一场精彩的激吻与床戏，然而，我却乐此不疲。

艺术家？缪斯？大概是两年前吧！我曾向一位好朋友吐露：“如果能让我选择的话，在艺术家与缪斯之间，我想当前者。”那时只觉得缪斯者们总能赐予灵感，满足艺术天才们的欲望，不但如此，她们美丽的脸与身影还要经历不断地被看、被欣赏、被回味无穷，有多好啊！而艺术家得要下很多工夫，最后才能被肯定，干吗这么累人呢！现在回想起来，觉得自己够愚蠢的了，我怎能“选择”当缪斯？或是“选择”当艺术家呢？

原来，我犯了一个很大的错误，就像发生在十多年前的例子一样，话说我在台北念书时，一位国文老师介绍我阅读弗洛姆的《爱的艺术》，正处在青春期的尴尬年龄，一直被柏拉图式的爱情所吸引，所以发现这本书的时候，简直视它如珍宝。直到我认识了一个男人，在一次一个月的短暂分离后，我寄上明信片给他，上面引用弗洛姆的话语："爱是决定的，爱是评价的，爱是承诺的。"然而看到之后，他却质疑整句话的荒谬性，爱怎能被决定呢？

没错，爱怎么可以被决定呢？爱是意外的，爱是化学变化的，爱是深植人的本性的，像似宿命的前世今生，人或许能选择婚姻，但绝不可能选择爱！

再回归刚刚的议题，我不可能当缪斯，也不可能当艺术家，因为这是我无法决定的，但我可以写诗，写文章，写艺评，为什么呢？我已经找到自己的特质，每当看一件艺术作品，我总兴奋地、好奇地，迫不及待地想探知那背后的故事，怎么开始的？过程怎样进行的？如何完成的？蕴藏什么秘密呢？一百个，一千个，一万个，无数的问题冒出来……一种发自内心的渴望，如今，我对自己的定位不再胡思乱想，这样"认命"得来的快乐，也是人生最大的满足。

那么，何谓"灵感"呢？何谓"缪斯"呢？这两个名词意思一样吗？

随不同的时代，不同创作者的个人经验，缪斯的界定也不一样，表现的方法与形式也会有所不同。"缪斯"一词来自于西方古代文学，读过荷马的史诗《伊里亚德》或《奥德塞》吗？若没读过，拿来翻一翻，就会发现一开始进入故事情节之前，都会先有一段长长的叙述，用来呼喊缪斯，邀请她的到访，然后在他的细胞里串流，以便激起创作的源泉，此缪斯指的就是女神，灵感的同义词。尤其《伊里亚德》这部，一共四百八十九行都在酝酿这样的思绪，占用的篇幅之多可想一般。直到今天，缪斯的范围变得很广，只要你曾经看过的人事物，能感动你，在胸中产生一份冲动，想记录下来，想画下来，不需金钱的驱使，就可称之为缪斯。我称这动力因素叫“化学变化”，像一只挥棒的魔术精灵，创作者通常得靠这样的灵感来刺激他们。

其实，一支笔，一张纸，就可以画画，就可以写作。现代的话，可能需要具备一台电脑。不过有趣的是，很多艺术家在多年以后回过头来看自个儿的作品，常会惊叹地叫出：“我怎么可能写出这样的好东西呢？”或“我当初怎么画得这么好？”连创作者本人都感到意外，这也是推动我好好去思考他们背后那一股神秘力量的一大主因。

当看到一件好作品，通常八九不离十，我们的赞词会落在艺术家的身上，焦点也很容易放在他们的家庭背景、教育程度、画风、技巧等，对隐藏在后面的那一群缪斯，总感觉没必要了解似的，我记得有一名权威的艺评家还曾经说过：“开什么玩笑？研究缪斯不就等同于研究一盘水果吗？”这样的观点早已深植在人们的心中了。她们的确被忽略、被遗忘，最终的下场仅只是艺术家的“影子”而已。但，这情何以堪？世上若没有她们，艺术家的思绪将没入枯竭，美的东西、感动的部分也无法浮现；若有她们，灵感可源源不绝，而我呢？多想探索这群人怎能有如此的能耐，给予艺术家们无限的思绪，让他们的作品变得如此伟大？

在这本书里，除了《最体贴的化身：苏菲妮丝芭·安贵叟拉的奶妈与仆人》那一章之外，我把范围缩小到男性画家与女性缪斯的关系，我始终认为，当男性的天才遇到女性的美，迸出的火花绝对相当惊人，当然里面带有情色，带有愉悦，带有一种我一直在拥抱的青春、活力与美的享受，作品的影响力也因此产生化学变化，达到不可思议的效果，往往这样的美最后能够飞升，升到一个神性的境界。

当我越深入缪斯的背景，越发现她们既不完美，更是一群失落的灵魂。我这样说，似乎残酷地把人们长久以来付与的迷思打破了。当人们不再有幻想，不再有浪漫时，或许肉身剩下的只是一摊摊动物的肉，就像英国两位现代艺术家弗朗西斯·培根与卢西恩·弗洛伊德一样，他们用残酷的、血淋淋的、丑化的方式来看待人体，但这并非我的态度；相反地，我用美的、赞颂的，甚至感激的心来看待，也因如此，让我觉得有趣，想更加亲近，更有拥抱肉身的欲望。

不少人把肉身与灵魂分开来谈，但我常在想：没有前者，怎会有后者呢？两者应共依共存，缺一不可。在艺术里，唯独透过爱与美，肉体才能够升华。

培根与弗洛伊德的问题出在哪儿呢？很简单，他们缺乏了爱与美两个元素。

安德烈·布勒东（André Breton，1896－1966），《自动书写》，1938年，米兰，私人收藏

探索缪斯与灵感一事自古就有，但在西方所有的艺术运动里，探讨最深入的莫过于二十世纪崛起的“超现实主义”，我举一个例子，被称“超现实教宗”的安德烈·布勒东是一名诗人，他本身也做照片拼贴，在一件以“创作”为题的作品中，他正用一架显微镜发现新的事物，背景有一名女子站在栅栏的后面，她娇媚地望着他。她干吗被关在那里呢？原来，她扮演一个缪斯的角色，象征引发诗人的灵感，显微镜前端涌出的马匹，则代表创作的源源不绝。从这张拼贴，我们很明显地观察到超现实主义直接点出了缪斯、灵感与创作之间的关联。

谈到超现实，我们得将时间拉到将近一世纪前，第一次世界大战带来死伤无数，整个欧洲陷入一场人间悲惨的炼狱，许多年轻人与知识分子在此时对传统的社会价值发出强烈的质疑，他们急切地想丢弃道德、理性与宗教的约束，寻找一个乌托邦的理想国，超现实圈的集会也因而兴起，他们开始探索人的潜意识、梦幻、自动性、性爱……借由深入心理层面，人才可能活得自由快乐。

马格利特（René Magritte）《我没看到藏在森林的女人》，刊登在《超现实的革命》（*La Révolution Surréaliste*）1929年12月第12期

左派无政府主义者裘门·柏顿的大头照在中央，其他28位超现实艺术家都睁大了眼睛。刊登在《超现实的革命》(*La Révolution Surréaliste*) 1924年12月第1期

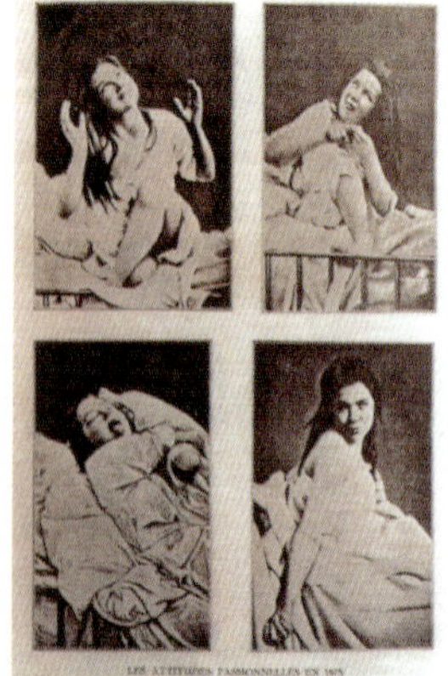

《激情态度》刊登在《超现实的革命》(*La Révolution Surréaliste*) 1928年3月第11期

讲到心理探索与女缪斯的关联，让我想到刊登在《超现实的革命》的三张图片：

一、艺术家马格利特的《我没看到藏在森林的女人》，中间的“女人”一词被一位裸女所取代，周围的十六位知名男性艺术家全闭上了眼睛，对看不见的性感尤物作各种天马行空的遐想。

二、跟裸女与闭眼男众很不同的另一张照片，被刊登于一九二四年十二月那一期，中间这名留着短发的女子，名叫裘门·柏顿，她是左派无政府主义者，有一天走进一家右派的法兰西行动报社，射杀了“国王的报贩”首脑人物梅利尔斯·普雷图。此举震惊了各界，更让每位超现实艺术家“睁大了眼睛”，直视着她，佩服她的勇气。其中，诗人路易斯·阿拉贡对她赞美有加，说道：“值得崇拜的完美女人……最美丽的异议分子”。

三、一九二八年，布勒东撰写一篇文章，宣布“痉挛之美”，里面伴随了几张照片，这些都是在疯人院

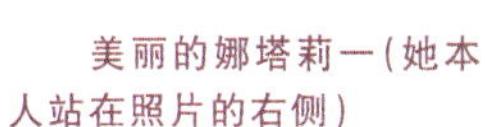

美丽的娜塔莉一（她本人站在照片的右侧）

美丽的娜塔莉三

拍下来的，我们不难想象这位女子早就发疯了。文章里还下了一句断语："歇斯底里是表情的极致。"照片女子的憨笑、惧怕、矫揉造作、直视发呆……所有的丰富表情与身体的姿态使她成为艺术家们眼中最棒的模特儿。

这些图像有一个共同点：女了"非理性"与"反道德"的作风，吸引了男性艺术家们的注意。

说到这点，让我不禁想起两年前在爱丁堡一家画廊的邂逅，我参加一个命名为"裸体肖像"的展览开幕式，里面摆的全

美丽的娜塔莉二

是情色裸体，焦点围绕在一名女子身上，她叫娜塔莉，一个我永远不会忘记的名字，她左臂上刻有三个中文字——“坏女人”，借由香槟酒助兴之余，我跟她聊了一会儿，发现她的“歇斯底里”发作得厉害，简直到无可救药的地步。也因这样，我觉得她诱人得不得了，之后，我也跟拍她的摄影家麦可谈他的艺术，我们聊到娜塔莉，他说她是他的缪斯，一位毫无定向、漂泊、失落的女孩，常常向他哭诉，倾吐胸中的郁闷，他也竭力地帮助她，舒缓她的情绪。换句话说，他在她生命中扮演着一位近似父亲的角色，也兼心理治疗师，就因她的“痉挛之美”，艺术家的脉搏变得不再规律，人也心神不宁，被搞得七上八下，不过却也成了灵感最活跃的因子。

在这本书里，我讨论了好几个有“歇斯底里”征兆的缪斯，像“现代艺术之父”马奈的小情妇贝尔特，“奥地利情圣”克里姆特的爱蜜丽与阿德勒，“摄影大师” 斯蒂格里茨的欧姬芙，“立

克里姆特（Gustave Klimt，1862–1918），《茱迪斯之一》，1901年，油彩，画布，84×42厘米，维也纳奥地利美术馆

《自动书写》刊登在《超现实的革命》（*La Révolution Surréaliste*）1927年10月第9&10期

体派之父”毕加索的多拉，“英年早逝的天才”莫迪里阿尼的珍妮，“二十世纪最具影响力艺术家之一” 曼·雷的琪琪，“超现实诗人与艺术家”潘罗斯的薇仁谭。

这些无理性的缪斯们，其实具备了两个显著的特征：一是“童女”；二是“致命吸引力的女体”。从字面上，我们应该不难了解其中的涵义，不过，我想用一张照片《自动书写》来做进一步的解释，图像中的这位女子留着短发，穿着一袭女学生的制服，手脚不知如何摆放才好，这幼稚的模样常勾起男人的遐思。说到这里，我们就不难想象为什么许多男人喜欢“娃娃音”的缘故了。然而，这女子也有另一个迷人之处，她正往一旁抛媚眼，加上她性感的嘴唇，与浓妆的脸蛋，这部分给人一种危险、玩命的感觉，其实克里姆特画的《茱迪斯之一》把这个感觉表现得最好，阿德勒扮演《圣经·旧约》故事中的寡妇茱迪斯，她年轻貌美、袒露右侧乳房、微微睁开的眼睛、半开的嘴唇、红润的脸庞、深黑色的头发、异国风味的装扮，活生生地呈现她那欲火焚烧的神情，让人想入非非，仿佛引狼入室，她手中抓住的男性头颅，诉说她用美色诱惑亚述人赫诺芬尼将军之后，残酷地把头砍下当作复仇，充分表露出她的性感、热情与放纵，简直一副撩人遐思的性感尤物啊！

无论“童女”或“致命吸引力的女体”，因为她们的无理性与歇斯底里，不预期的表情与姿态，感觉特别的挑逗，这也难怪成为艺术家们心中最难放下的一块石头！

缪斯的歇斯底里与引发的情欲，可说难舍难分。不过，被激起火花的还不只如此，也可能发生在性情较稳定的缪斯身上，她们一般而言扮演家妻的角色，她们心甘情愿地奉献与长年地

鲁本斯（Sir Peter Paul Rubens,1577-1640)《帕里斯的判决》,约 1638-1639 年油彩,画布,马德里普拉多博物馆(Prado,Madrid)

相守,让艺术家过着茶来伸手,饭来张口般轻松的日子,生活上的打点不需他们担忧。当然,他们也心怀无限的感恩,灵感的源泉就从这而来的,像维米尔的卡特琳娜、马奈的贝尔特、哈马修伊的艾姮、路易斯的芙萝安娜、达利的卡拉等,她们用一生证明自身的不平凡,来换取艺术家的钟爱与最终的不朽。

不论哪一类的缪斯,歇斯底里也好,性格平稳也罢,在创作期间,她们与艺术家之间的化学变化,不断地在作品里四处地窜流。

法国雕刻家罗丹曾说:

> 模特儿(缪斯)不只是一个媒介而已,借此,艺术家可以表现情感、思想与经验,对我而言,那是一个互通的灵感,这些结合在一块儿,成为创作的力量。

罗丹有一位女模特儿关·琼，最后他们也产生了爱恋的关系，她曾写下一段感性的话：

> 罗丹为我做的雕像，就像我们共同生下的孩子一样，是属于我的，也属于他的，而且透过爱，我们已经算结过婚了，我们比那些有孩子的夫妻更亲近，只因我们的孩子更美丽，更永恒不死。

他们的“孩子”指的就是他为她创作的雕像。

我始终怀抱一个信仰：唯有爱，产生出来的美才能真的源远流长。

就像西方无数的画作，已经一而再，再而三地处理过希腊罗马神话主题“帕里斯的判决”，帕里斯分别在婚姻、智慧、美三位女神之中选出一位最迷惑的人，很自然地，他最后将苹果递给“美神”维纳斯。譬如鲁本斯的这幅《帕里斯的判决》，中间的维纳斯旁边站有一名“爱神”丘比特，代表爱与美不可分。当这两者结合时，才能赢得赞叹，同样地，这也就是我此书最想传达的部分。当你欣赏过所有十二位艺术家为缪斯创作出的东西，了解他们的故事之后，就能发现人生的真意在于“爱情”，那就算是我最大的安慰了！

在早期社会的贵族里，奶妈在小孩的心目中扮演一个举足轻重的角色，通常在公共场合，她们是不见踪影的，这些被人们遗忘的一群，却在一位文艺复兴时期的女艺术家画笔下介绍出来。

这位女画家的艺术可媲美提香，是女性中的佼佼者，她为这些仆人增添一份温厚的情愫。所以，她们不再只是默默无闻的奴隶，因为她深知有一种远比阶层价值来得更重要的东西。

最体贴的化身

苏菲妮丝芭·安贵叟拉的奶妈与仆人

或许你曾经读过莎士比亚剧，或看过莎翁舞台剧和影片的演出，得知《罗密欧与朱丽叶》那段缠绵爱情的故事。这对少男少女不顾一切，对抗整个社会保守的价值，竟跟双亲与家族成员反目成仇；但幸运地，这对爱人都找到疼惜他们、了解他们的长者，罗密欧有一位地方的神父帮他撑腰，甚至安排一场剧幕，期待欢喜收场。而朱丽叶呢？从小到大就跟父母很疏离，什么事都难以与他们沟通，更别说是心中的秘密了！所幸，她一直有奶妈陪伴在身边，当奶妈知道朱丽叶不经意地爱上了罗密欧，一

苏菲妮丝芭·安贵叟拉《握着一本书的自画像》(*self-Portrait*)局部,1554年,油彩,木板,61×91.4厘米,维也纳艺术史博物馆

苏菲妮丝芭·安贵叟拉《自画像与老女人》(*Self-Portrait with Old Woman*)局部,约1545年,粉笔素描,302×402厘米,佛罗伦萨乌菲兹美术馆

方面教导她得像个大家闺秀;另一方面却仍希望她快乐,期盼情人们最后终成眷属。在早期的社会中,阶级差距的悬殊很大,奶妈通常在小孩的内心扮演一个极关键的角色,在公共场合中,她们不见踪影。这些被大众遗忘的一群人,竟可在一位文艺复兴女画家的作品中看到,她可算是首位将“奶妈”身份介绍出来的艺术家!

这位不平凡的女画家名叫苏菲妮丝芭·安贵叟拉,自十三岁起,她就开始不断为自己做肖像,在史上的纪录,她的自画像之多可直逼席勒、梵高、伦勃朗与丢勒。但直到今天,仅存在世的只剩下十二幅左右。从这些画像中,我们能清楚地见到她聪慧的脸蛋,端庄的模样,沉着的思绪;她全身上下,最缠绕人心的不外乎那双明亮、持续滚动的眼球,似乎一眼就能透视你!也就因那双眼睛,她察觉到

苏菲妮丝芭·安贵叟拉《玩西洋棋的姊妹们》(*Sisters Playing Chess*)的局部,1555年油彩,画布,70×94厘米,波兰波士那国家博物馆

被人们蒙蔽的部分，这些隐藏在背后的无名氏，在她眼里，却是伟大且不可遗忘的奉献者。

指向深情的所在

安贵叟拉来自克雷梦那，父亲安米卡尔是意大利北方当地的小贵族，育有六女一男，六女各个都有艺术天分。苏菲妮丝芭排行老大，才气也最突出，她十四岁那年开始在坎毕门下学画。当时在意大利，艺术的训练需要花上好几年的工夫，梦想成为画家的男童通常在年幼时，大约十岁之前就得习画。但由于苏菲妮丝芭身为女子，又是贵族的小孩，这双重身份使她拖到将近十五岁才拜师学艺。

十三岁那年，在向坎毕正式学画之前，她就已经作了一幅《自画像与老女人》。画中，她右手指向另一方的姿势，宛如丢勒十三岁时作的自画像。拇指与无名指之间形成的“U“字形，日后也变成苏菲妮丝芭的签名商标；然而令人不解的一点是，她右手怎么会指向左边的那位老婆婆呢？不但如此，在构图上，留给老婆婆的空间也比给自己的还大，很显然地，艺术家邀请

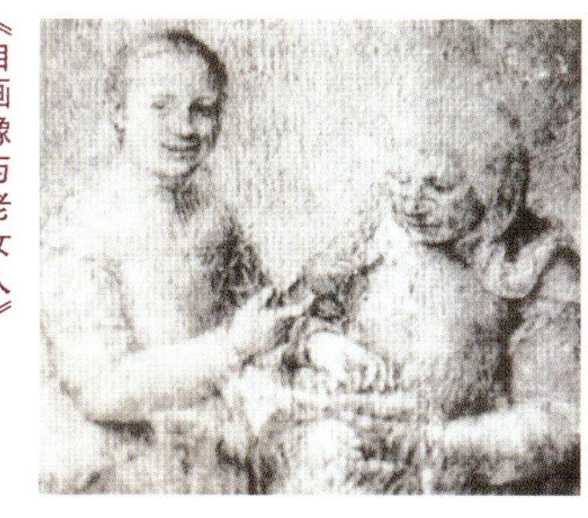

《自画像与老女人》

丢勒（Albrecht Dürer 1471–1528）《十三岁的自画像》（*Self–Portrait at 13*），1484 年，银尖笔素描，纸，27.5×19.6 厘米，奥地利维也纳艾伯特美术馆

观众欣赏的人不是她自个儿，而是身旁那谦恭捧着盘子的奶妈（仆人）。

苏菲妮丝芭在五岁时，一个急需母爱的年龄，她的生母比安卡·彭容因病撒手人间，对她的打击很大，她那份深沉的失落感，往后从年长的妇人那儿得到慰藉，受伤的心灵也因奶妈的爱抚平了起来。我们可从这幅《自画像与老女人》中看到，胖胖的奶妈两手端着果子，流露出母爱的关怀，无微不至地服侍身边的小公主；十三岁的小女孩在情感上的表达经常很直接，真情难掩，爱与恨也分明，整个画面除了传达这位老婆婆的爱与奉献之外，也强调小女孩对她的无限深情。

掳获艺术家的心

苏菲妮丝芭是否曾于一五五四年到过罗马与米开朗基罗习画一事，一直到二十世纪八十年代还引起不少的争议。就在十多年前，艺术史学家帕琳桂芮从佛罗伦萨的档案馆中找到一份珍贵的文件，那是苏菲妮丝芭的父亲在一五五七年写给米开朗基罗的两封信，他感谢这位名师在过去的日子里“疼惜苏菲妮丝芭”、“跟她讲话”、“指导她”，并“鼓励她”。从这些文字的描述中，可以判定她确实到过罗马，亲自向米开朗基罗学习，只不过，大师对男徒弟的兴趣毕竟比较浓厚，至于苏菲妮丝芭在大师身上究竟学到多少，仍值得怀疑。

从罗马回来后没多久，她画下一幅《玩西洋棋的姊妹们》，顶尖艺评家瓦萨里在一五五六年登门拜访时，看到此作品，发出一声赞叹，作了以下的记录：

我亲眼目睹艺术家用她那一双勤奋的手画下作品，这是一张她三姊妹的肖像画，作品人物活像真人似的，只差她们无法说话而已。

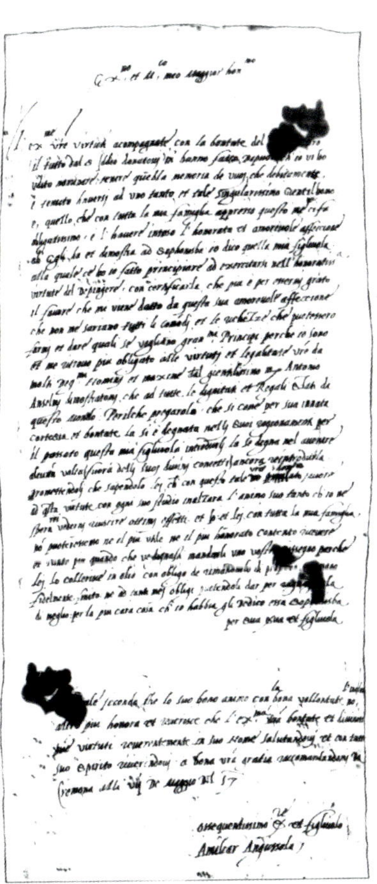

写给米开朗基罗的一封信(1557 年 5 月 7 日)佛罗伦萨洛伦佐图书馆

瓦萨里撰写一本《艺术家的生活》,不但成了研究文艺复兴艺术家的第一手资料，更是西方史上的第一本艺评著作。在里面,他特别将苏菲妮丝芭介绍出来，论及她的绘画天分。也因《玩西洋棋的姊妹们》，苏菲妮丝芭立即在艺术圈中发红发紫，从此为她的艺术生涯往前推进了一大步。

当瓦萨里评论这幅《玩西洋棋的姊妹们》

《玩西洋棋的姊妹们》

时，只提到“三姊妹”，这围绕棋盘的三名年轻女子，是画家的三个妹妹，然而他并没谈论到最右侧的人物，她是谁呢？她头上戴着白巾，身穿朴素的白衣，高颧骨的脸蛋，直挺的鼻子，显然是一位清瘦，带些皱纹，但依旧美丽的中年女子；从她的穿着来判定，绝非位居高阶——原来她是家中的仆人。虽然她并没被摆在画的中央，但能带她入画，在当时已相当难得了。仆人出现在画里，并不符合当时的礼节，可想而知苏菲妮丝芭选择拿这幅作品给瓦萨里检视，是冒着何等的危险，一不小心，她可能无法在艺术界立足。到底是什么原因让她变得如此大胆呢？只因爱。

一方面得顾及到“合宜”；另一方面又想把“心目中最重要的人物”放进画里，最后苏菲妮丝芭只好把这位主角安排在画的最右侧。还好，她的画作迷人，已赢得瓦萨里的心，也让她惊险地逃过这一劫。

我们看到女仆的眼睛往下瞄，凝视着棋盘，她的职责不仅得服侍家里的千金小姐，还得关心她们的一举一动，处处以主人为重心，那份无私的奉献，深深掳获了苏菲妮丝芭的心。

温厚的情愫

跟同时期的女画家比较起来，像芳达娜、珑乙与加里兹亚，她们都出生于艺术世家，苏菲妮丝芭却没那么幸运。尽管缺少耳濡目染的机会，瓦萨里却认为：

> 借由她的才气与努力，比起其他同时代的女画家，苏菲妮丝芭早已展现出那超凡的运笔与优雅的特质，不仅擅长实体素描、上色、画画，犹如海绵似的吸取他人长处。最后，她的创作既美丽，又成功，是极其罕见的。

如此说来，她称得上是女性中的佼佼者。

她无法像男画家一样研习解剖学，亦不被允许从男性裸体身上作实体练习，若想从事大规模的宗教或历史画更是遥不可及。面对环境与性别歧见的限制，支支箭往她的身上射来，却怎么也框不住她。为了突破困境，她请家人充当模特儿，把心思放在庭园与室内可取材的肖像创作上，以此为发挥的主题。最后，就连洛马佐、巴尔迪努奇、索普安尼、契斯特等艺术大师都不得不放弃原有的成见，一致推崇她在描绘实体的技巧方面，可媲美提香。

苏菲妮丝芭·安贵叟拉《弹琴的自画像》(Self–Portrait),1561年,油彩,画布,83×65厘米,英国奥尔索普史宾塞伯爵收藏

苏菲妮丝芭·安贵叟拉《弹琴的自画像》(Self–Portrait)清洗后,1561年,油彩,画布,83×65厘米,英国奥尔索普史宾塞伯爵收藏

一五五九年,苏菲妮丝芭很幸运地被国王菲力普二世邀请进入西班牙宫廷工作,此为当时欧洲最强盛、最富裕的皇室,她也因此赢得“第一位国际女艺术家”的名声。二十九岁时,亦即她在宫廷住了两年之后,创作一幅《弹琴的自画像》,这画描绘自己在弹琴的样子。但蹊跷的是,左上角竟出现一张老女人的脸,似真似幻,看来严肃极了,她到底是谁呢?若我们回头再观看《玩西洋棋的姊妹们》右侧的中年女子,会发现这两位妇女同样有削尖的鼻子,清苦的脸庞,特征一模一样,由此可判断为同一个人。这位在克雷梦那家中的仆人,是唯一让苏菲妮丝芭放心不下的亲人,这件作品是艺术家在思念之际画下来的!传统画中,难得看到仆人的形象,苏菲妮丝芭的作法是很不寻常的,这名中年女子不再只是默默无闻的奴仆,她在此已被视作为一个有尊严的个体,社会表层里看不到的人,画家特别为他们增添一份温厚的情愫。对她而言,内心流露的情感远比阶层的价值来得重要多了。

地位的升格

苏菲妮丝芭待在宫廷十二年后,即三十九岁那年,嫁给西西里的一位贵族，国王赐给她一大笔嫁妆；婚后九年，因黑死病的袭击，丈夫离开了人间。此事发生后，国王立即邀她入宫，就在她回程的船上，遇到船长洛米里诺，他们两人一见钟情。洛米里诺是一位来自北意大利海港热那亚的贵族，本性浪漫的苏菲妮丝芭主动向他求婚，就像罗密欧与朱丽叶的故事一样，因奶妈与仆人，让她了解什么才是世上最珍贵的宝藏，也让她义无反顾地追求真爱，这段因爱结合的婚姻，使她觉得分外幸福。

一五九二年，她画下一幅《圣家族与圣安娜与圣约翰》，表面上看起来像传统的圣像，然而果真如此吗？苏菲妮丝芭曾在一些玛利亚与小耶稣的画像之中，譬如《自画像与画架上的奉献图样》，隐喻自己是童贞玛利亚，有意把女性完美的形象套用在自己身上，因此她有“借物移情”的习惯。我们再回到《圣家族与圣安娜与圣约翰》这幅画作上，就会发现一位身穿灰

苏菲妮丝芭·安贵叟拉《圣家族与圣安娜与圣约翰》(*Holy Family with Saints Anne and John*)，1592年，油彩，画布，123×109厘米，迈阿密大学洛尔艺术博物馆

苏菲妮丝芭·安贵叟拉《自画像与画架上的奉献图样》(*Self-Portrait at the Easel Painting a Devotional Panel*),1556年,油彩,画布,66×57厘米,波兰兰卡特拉美克博物馆

衣、露出侧脸的老女人，此为圣安娜的角色；但她脸的轮廓，谦卑的神情，尖挺的鼻，高颧骨的脸，眉形与唇形，都跟之前讨论的《玩西洋棋的姊妹们》与《弹琴的自画像》的仆人长相，可说是一模一样。历史记载圣安娜是玛利亚的亲生母亲，因此，这张画的两名女子刻画的是母女关系，苏菲妮丝芭一直将她的奶妈或仆人当作自己的母亲，若说玛利亚是苏菲妮丝芭的掩饰，那么圣安娜就成为她的奶妈或仆人的化身了。

在这里，很明显地，苏菲妮丝芭将她升格为圣人的角色。

最深情、最温柔的化身

虽然从小到大，苏菲妮丝芭受到不少大人物的赏识与提拔，但心中却寄情于小人物，真实的感情全落在奶妈与仆人的身上，她们很自然地成为艺术家的缪斯，没有别的，只因那是最美、最深情，也是最温柔的化身。

十七世纪中期，没有一位欧洲艺术家像维米尔一样，如此擅长刻画女子的内心层面，不少人对他的印象，来自于二〇〇三年的电影《戴珍珠耳环的少女》。此部电影的导演把这名美少女刻画为画家的情妇，却把他的妻子形容成一位狡猾、自私、爱嫉妒、被宠坏的女人。然而，事实真的如此吗？

从维米尔为他妻子卡瑟丽娜作的肖像画中，我们窥探到了什么呢？

一刹那的觉醒动人

维米尔的卡瑟丽娜

约翰内斯·维米尔曾被世人遗忘了快两百年，直到一八六六年，因艺评家艾提恩·透瑞的发掘，与后续的研究、大力的鼓吹，这位十七世纪的艺术家才从死去的废墟中复活。可惜，我们对他背景的了解少之又少，只知道他出生于荷兰的台夫特，在喀尔文教派的家庭中长大，弱冠之年，父亲突然去世，当时他继承全部的家产与艺术交易事业。一六五三年，他正式加入圣路克同会（绘画商务机构），严格说来，艺术经济交易才是他的正职，作画仅只副业而已。

约翰内·维米尔《身穿蓝衣读信的女子》(*Woman in Blue Reading a letter*)的局部，约1663–1664年，油彩，画布，46.6×39.1厘米，阿姆斯特丹国立博物馆

十七世纪中期，没有任何一位欧洲艺术家像维米尔一样，对女子的形象有那么浓厚的兴趣，不但如此，他还慎重地刻画她们的心理层面，这是相当不容易的。不少人对维米尔的印象，来自于二〇〇三年的电影《戴珍珠耳环的少女》，镜头栩栩如生地捕捉到艺术家作画的气氛，室内布景的设计，鲜明的色泽，奶油般的光亮，细腻的透视技巧，及高质感的画面。然而，此部影片的导演彼特·韦柏却将画家的妻子形容成一位狡猾、自私、爱嫉妒、被宠坏的女人，这样丑化的观点遭到许多专家们的抨击。维米尔跟岳母、妻子、女仆、女儿等人同住一个屋檐下，在

约翰内·维米尔《开窗旁边读信的少女》(*Girl Reading a Letter at an Open Window*)，约1657年，油彩，画布，83×65厘米，德国德勒斯登历代大师画廊

《身穿蓝衣读信的女子》

约翰内·维米尔《手握磅秤的女子》(*Woman Holding a Balance*)，约1664年，油彩，画布，40×36厘米，华盛顿国立艺术馆

这片阴柔的天地里，她们很自然地当起他的模特儿，就像《戴珍珠耳环的少女》里那个回眸女孩应是他的女儿，并非他的情妇。

到底维米尔的妻子是怎样的女子呢？她名叫卡瑟丽娜·博尔妮丝，自一六五三年两人成婚，一直到画家一六七五年去世的二十二年之间，大约生了十五个小孩。不难想象，她一生的青春大多投注在怀孕上，若仔细观察画家存留下来的三十多件作

约翰内·维米尔《写作的女子》(*A Lady Writing*)，约1665年，油彩，画布，45×40厘米，华盛顿国立艺术馆

品，所有的家具、装饰、地板、天花板、窗子、毯子、椅子、乐器、帘幕、桌子、地图、挂画等，位置经常被调换，可见他在同个地点营造多样的空间，由此判断，“家”是他主要的作画场所。此外，我们又可发现大部分的少女都挺着一个大肚子，她们打盹、缝衣、谈天、喝酒、弹琴、唱歌、看谱、写信、读信、回眸……各有各的情绪与沉思的状态。虽然有时候很难辨识她们的身份，不过，若根据人物的脸部特征与年龄推算，我们能得到几近真实的猜测与判断；至少像《开窗旁边读信的少女》、《身穿蓝衣读信的女子》、《手握磅秤的女子》及《写作的女子》这几件作品，女主角确定就是他深爱的妻子卡瑟丽娜。

在她所有的形象中，最令人动容的一幅莫过于《身穿蓝衣读信的女子》。

想象与窥探

在这幅《身穿蓝衣读信的女子》画作中，侧身的卡瑟丽娜站立在图的中央，墙面悬挂一张泛黄的地图，围绕在身旁的，还有两把椅子一前一后，一把与她上衣下缘同高的桌子，桌面上置放一个珠宝盒、一串珍珠项链、一页信纸，及大块的深色布料。

维米尔堪称是名画“光”的能手，光线由左侧窗子照射进来，地图下缘与左侧椅子在墙面上产生色调深浅不一的阴影。有趣的是，靠近墙边的卡瑟丽娜没有丝毫阴影的映托；若再看他的另一幅画作《开窗旁边读信的少女》，很明显地，少女的阴影印落在墙面上。这两张画作在光的表现上是截然不同的，画家故意在卡瑟丽娜的身体与环境之间作了隔离的效果，彰显一种永恒的雕塑感。

光源有两道，上面的那一道照射在她的额头、鼻子及脸颊上方，眼与眉之间形成阴影，显得楚楚可人的模样，略下方的另一道光射在她胸前的信、怀孕的肚子及桌面上，如此一来，我们的焦点会立即放在信件与脸蛋之间的情愫流动和怀孕的身子。看她那专注的神情，我们或许不禁想问，信的内容是什么呢？她的心情又如何呢？

我们心中产生的疑问，也就是维米尔精思的地方，他巧妙地激发人的想象与窥探，像信、地图、珠宝盒、未见的窗、怀孕的女子、无人坐的空椅等，在那存在与缺席，过去、现在与未来，室内家居与外在世界，精神与物质，诞生与死亡……摇晃的指针不停摆动，当我们越渴望知道些什么，困惑就越多。画家有意将关键的一刹那赋予权衡度量，但因设下的范围过广，所以产生形而上与难理解的模糊，若心思不够敏感，一不小心，我们可能会掉入自己设下的圈套，若再依据个人的遭遇与心理状态去下一个主观的猜测，最后反而造成欣赏这幅画的盲点。

安稳与和谐

维米尔也很擅长“精准的构图”，这张画之后被专家拿去作X光检测，为了解作画的来龙去脉，分析X光放射图通常是一个很关键的过程。经检测的结果，我们发现：地图的左缘与信的距离相当接近，是画家的原意；然而之后，他又再将此距离拉远，地图左侧白色墙面最后变得比原来狭窄得多，如此改变有

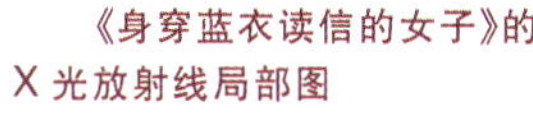

《身穿蓝衣读信的女子》的X光放射线局部图

何用意呢?原来,画家想平衡左上与右下的白色区块,让整个构图看起来比较四平八稳。另外,地图下方的蓝黑色横杆,将卡瑟丽娜的脸与信件框在地图中,她上身的移动感因而被制约住,所以,一览无遗地展现出那平稳、静止、沉着,与内藏的情绪。

艺术家精心地用白、蓝与土黄三个色调,来诠释这女子的心境,怎么说呢?她身穿天蓝或婴儿蓝的上衣,普鲁士蓝的椅子,钢蓝的地图圆把,夜蓝的横杆与大布块,布满令人愉快的“蓝”调!她的肤色、地图、发带、头发与前胸的蝴蝶结,都是具有踏实感的“土黄”色块!白色的墙面,像诗页中的留白,给人一种沉思的空间感。蓝与土黄的结合,就像天与地的交织,没有过度的兴奋,也没有多余的黯然神伤,只有安稳的情绪与和谐的牵引。

感性的表现

在安稳与和谐之下，我们从 X 光放射图又可观察到卡瑟丽娜背后凸起了一个区块。起先，画家让她穿上一件厚重的外衣，但之后又改变心意，为什么呢？原来多出的那一块，使她整个人（即头与身躯）构成一个等腰三角形，那是一个完全符合高度文艺复兴“等腰三角形”的创作原则，譬如拉斐尔、达·芬奇等艺术家，认为这几何形状深具宇宙最均衡、最理性的美。维米尔也了解此传统的概念，但在紧要关头，他竟改变初衷，将那一身厚外套去除，在此呈现出非均匀的美，强调她那怀孕的肚子及失去平衡的身体，让我们觉得仿佛走入一个感性的世界；当然，也因精准的构图引发制约，维米尔绝不允许我们的情绪失控。

荷兰的早期肖像画，怀孕女子的形象几乎都不入画，为人妻的通常在婚后第一年内请肖像画家留下身影，就算怀孕，也只算初期，外形上不甚明显，被视为“不吸引人”的怀孕模样，需要隐藏，而非宣扬。维米尔画中的妻子完全对抗此种负面的价值，他毫不害羞地描绘怀有身孕的妻子，在这提升为形而上的温柔与情愫，也由短暂的激情转移成不灭的深情。

情节的发生

根据分析的线索，再添加一些想象，关于故事的情节，我愿意作以下的大胆假设：当卡瑟丽娜从珠宝盒拿起珍珠项链，正要戴上时，仆人正好递上一封信。从信封的笔迹，当下，她了解没有任何一件事比看信来得重要，于是她将首饰放在一边，迫不及待地站立起来。在这幅画作中，维米尔捕捉的便是她读信的一刹那，她此刻看的是第二页（第一页已被放在桌上），也就是说，主笔者是谁？信的内容为何？她都一清二楚了，然而她依然还细心地、温柔地、专注地，持续将手中握住的信件放在胸前，约四十五度倾斜的头部，略开的嘴唇。从这点点滴滴，我们都能感受到：她内心充溢着期待与喜悦的心情。

在十七世纪的荷兰，有些艺术家也刻画信件抵达与读信反应的情景，女子的读信经常都跟爱情扯上关系，虽然维米尔并非唯一描绘此主题的人，却没人像他一样，能将读信的那一瞬间画得更动容！另外，荷兰在当时早已向外殖民，在此，情感酝酿与信的内容其实都跟地图息息相关，它代表远洋的探险，因此，我们可以判定，此封信应该是由丈夫或情人从远方寄来的。

史学家们常拿信件的内容当作人与人之间感情的凭据，然而维米尔一生待在台夫特，从未出过城，始终跟妻子共住，彼此从未有过书信的往来。就因如此，他借由这个主题来弥补这份缺憾，透过传统的爱情媒介（读信是“内”在感情的探索）与当时荷兰殖民的发展（地图是往“外”延伸与沟通）结合，为他与妻子的深情款款留下伏笔。

深情的见证

卡瑟丽娜来自一个天主教的家庭，在那个年代，宗教可算是人生的根本大事，维米尔娶她时，老派的天主教在当地并不受欢迎，但他却不惧怕众人的指责，这桩难得的婚姻竟发生在

约翰内·维米尔《信仰的寓言》（The Allegory of Faith,1671–1674）的局部，约 1671–1674 年，油彩，画布，114x89 厘米，纽约大都会博物馆

这小两口的身上，新教的维米尔为何要远背自己的信仰，选择异教女子为妻呢？他于一六七四年完成一幅《信仰的寓言》，宣告他不但改信天主教，更为他的执著作见证，无疑地，“爱情”是唯一的理由。

卡瑟丽娜婚前得在家庭里忍受父亲的暴力，日子过得悲惨不已，一六七二年后，因法国入侵，荷兰的经济猛然下跌，维米尔去世后，留下一笔为数不小的债，生活再次陷入一片惨淡，二

约翰内·维米尔《画的艺术》(*The Art of Painting*)，约 1666–1667 年，油彩，画布，120×100 厘米，维也纳艺术史博物馆

十二年的婚姻,为她带来一生中最享受、最快乐的时光!

跟维米尔的情况一样,我们对她的生平所知几乎是零,她没留下任何书信,实在让人无法探测她的心思。不过,在一份被找到的法律文件中,记录了一则她如何努力抢救丈夫作品的事迹,从此,我们也感受到她以他的才气为傲,更珍惜他们共同拥有的东西。

在这些被抢救的作品里,《画的艺术》就是其中的一幅,在这张画的左边,一名穿蓝衣的女子,头顶戴上桂冠,一手拿号角,另一手抱着书本,分别象征诗、声誉与知识。这全身上上下下代表的特质,都成了他创作的灵感,这蓝衣女子不是别人,正是画家的妻子。

一瞬间的觉醒

他对她的深情,全挥洒在这名怀孕的女子身上,"蓝"得那样海阔天空,"黄"得那样宁静舒服,画中的构图、颜色、阴影、物件、均衡与不均衡等,全都在营造他们之间永恒、和谐与感性的爱情。

此女主角绝非男人身边的奴隶,也不是没有自主的洋娃娃;相反的,这冷静、聪明、独立的女子已经领悟到自己生命的价值在哪儿,懂得盘算未来,及思考跟世界的关系。我认为,维米尔为她留住的是一刹那的"觉醒动人"。

我们都被那一瞬间感动了,不是吗?

马奈认为“忧郁”是十九世纪后半期最明显的特质，在“美”的人身上可看得到，在他心里，贝尔特的形象正是他寻找的典型，她的神经质、她致命吸引力的美，已被他视作一件欲望之物。其实，她高兴得不得了，明了马奈极欣赏有魅力的女人，正经的女孩不易得男人缘，所以打定一个念头，当一名狐狸精又何妨！

在画作里，他勾勒出她独特的诗性与灵魂，也说明他们之间难解的情谊。

激起涟漪的诗篇

爱德华·马奈的贝尔特

在一幅由方丹·拉图尔作的名画《巴提格诺立司区的工作室》中，我们可以看到，坐在画架前，拿着画笔的一名脸上发光的男子，他是来自法国的爱德华·马奈。围绕一旁的人士包括巴齐耶、莫奈、雷诺瓦和左拉等，此作品强调马奈扮演从现实主义转向印象派最关键的人物，他在一八六三年的两幅《草地上的午餐》与《奥林匹亚》引发的激烈争议，其离经叛道的作风，给予年轻一辈的艺术家们极大的鼓励，也因此赢得现代艺术之父的美名。

方丹·拉图尔《巴提格诺立司区的工作室》(*A Studio in Batignolles Quarter*)的局部,1870年,油彩,画布,204×273厘米,奥塞美术馆

当然,他独立的性格让他付出很大的代价,画展呈列出来的作品始终得不到大众缘,也难以获得艺评家的青睐。早期一路走来,身边还好有两位支持者:一是情妇维多利亚·默兰;另一是诗人波德莱尔。然而,渐渐地,默兰倾向学院派的画风,感情越来越淡,后者则在一八六七年去世。这时,当他的世界再度陷入孤独之际,一名年轻美丽的女画家贝尔特·莫里索走进他的世界。

忧虑的特质

一八六八年的某一天,在巴黎卢浮宫里,方丹·拉图尔介绍马奈认识莫里索的两姊妹,贝尔特就是其中一位。从她身上,他感受到很浓的忧郁感。说来在他们相遇那几年,她患有贫血症、神经衰弱症、厌食症、忧郁症、眼疾等,脸色显得苍白,缺乏能量;她的情绪也经常处于很不稳定的状况,太过分追求完美、没有安全感,不仅在身体与精神上出了大问题,她自己也坦白表述:

爱德华·马奈《波德莱尔头部》(*Baudelaire Barehead, Full face*)，1865–1868年，蚀刻画，10.2×8.4厘米，法国国家图书馆

贝尔特·莫里索(Berthe Morisot,1841–1895)

> 我毫无目标地拖曳自身……每天自言自语，说了二十次，我厌倦每件事，这成了我的生命步调。

她掉进痛苦的深渊，在里面转啊转，无法自拔。目睹此景，马奈还是难以将她挽救起来；然而，她散发一种莫名的吸引力，就如波德莱尔一样。马奈认为“忧郁”是人在十九世纪后半最明显的特质，但只能在“美”与“天才”的身上才找得到，在他心里，若说波德莱尔被归类于天才，那么贝尔特就代表美丽。

尽管她的意志消沉，却也是一位才气十足的女子，因受到她绘画导师柯罗走向户外的影响，而专职在风景画的创作上。尽管如此，她不屈于学院派的陈旧，一直往现代的新思潮看齐。遇见马奈，他的挑衅作风启发了她，无论在艺术、知性、情感上，都可说是她人生一个极大的转折点。

阳台的狐狸精

他们的爱情火花并非在相遇之时就点燃，他们来自上流社

爱德华·马奈《阳台》(*The Balcony*),1868年,油彩,画布,169×125厘米,奥塞美术馆

会,家庭背景相当,那时马奈早有家室,娶了一名顶尖的钢琴家苏珊妮·蕾荷芙。苏珊妮原是马奈父亲的情妇,之后才嫁给马奈。然而,在三十岁边缘徘徊的贝尔特依然单身,他们两人大都因音乐缘故在公共场合碰面,但因母亲管教严格,贝尔特身旁一直有长辈的护卫,就算马奈被她的美震慑住,渴望请她当模特儿,都得经过这位母亲大人的同意才行。

《阳台》是艺术家为她创作的第一幅画,最初的灵感来自于波德莱尔的诗:

阳台上的傍晚笼罩粉红色的雾。

虽然画里没有粉红色的雾，却有诗人加上的：

> 在我漆黑的眼底，找到你的深处。

另一方面，长久以来，马奈对西班牙艺术特别感兴趣，哥雅的画更成了他的最爱，受到这位大师在一八一五年作的《阳台的少女们》影响，马奈同样也在栏杆前画上了两男两女，女子在前端，男子在后面。其中，站在最左端的男童样子显得很模糊，几乎都快看不到的地步，虽然中央这位绅士比较清晰一些，不过他的身体却渐渐没入黑暗，他们的存在其实都是为了彰显前端的少女，纯白的衣裳将她们衬托得更靓丽。坐在板凳上，右手倚着栏杆，左手拿扇的就是贝尔特，她一头暗色的鬈发、一对深邃的眼睛、清楚的脸部轮廓，在在全属西班牙美女的特质。

这幅画被挂在艺术沙龙后，来自各处的炮轰不断，像路易斯·爱斯诺德在《黄侏儒》上的评论：

> 马奈总画丑陋的东西，故意吓跑中产阶级人士，人们

哥雅《阳台的少女们》(*Majas on a Balcony*)，约1810–1815年，194.8×125.7厘米，纽约大都会博物馆

《阳台的淫荡人物》(*Caricature by Pons of the Balcony*)取自1869年《讽刺诗文》(*La Parodie*)的一号刊

看到他的画作，通常会站在《阳台》的面前，直视这两位穿白衣的女子，她们看起来很糟糕。

还有艾瑟·德·布瓦西厄则在《法兰西报》上痛批：

马奈似乎还在跟埃皮纳尔插画家竞赛，老实说，他根本无法成为第一流的画家，连边都沾不上。

在大多的意见中，唯独贝尔特的评论最正面，她写一封信给姊姊爱德玛，谈起这件作品：

他的画总给人一种未开化的狂野或尝到水果未熟那

爱德华·马奈《伊娃·冈萨雷斯肖像画》(*Portrait of Eva Gonzales*)，1870年，油彩，画布，191×133厘米，伦敦国立美术馆

样的可口，我很喜欢此画，说来，它看起来一点也不丑，但却感觉很奇怪，这致命吸引力的形象已被传开来。

马奈的速写与缺乏细节的风格，让大多数人嗤之以鼻，不过在她眼里却成了“未开化的狂野”与“水果未熟那样的可口”，前端这位美女的忧郁与神经质已被视作一个欲望之物。其实她的心中雀跃不已，知道马奈何等欣赏有魅力的女人，正经的女孩不得男人缘，故当一名诱拐男子的狐狸精又何妨呢？

挽回爱情的招数

一八六九年，一名年轻的女画家伊娃·冈萨雷斯特地登门拜访马奈，表示想向他习画。马奈二话不说立即收她当学生，没

贝尔特·莫里索《罗连安特港口》(*The Harbor at Lorient*)，1869 年，油彩，画布，43.5×73 厘米，华盛顿美术馆

另一杂志《高卢人》也有类似的评论：

搞不懂马奈为什么要展示这位衣冠不整的少女，又让她坐在红酒色的沙发上呢！

更有人指称：

有些评论家认为模特儿站不像站，坐不像坐，画作的标题根本不对。

另外，还有像《邋遢的女神》、《晕船》、《厌恶的东西》、《对优质审美的藐视》等难听的字眼，这张画简直将贝尔特的名声打落到了谷底。

然而，马奈却反驳说：

《歇息》的人物具有独特的深沉与迷人的表情，在我眼里，她很优雅，也很卓越。

可见，艺术家一来想排除传统的美女形象，二来借由贝尔特的美，他想将当代的特质表露出来。在她身上，马奈找到了一切，在他眼里，没有人比她更独特了。

妥协的爱情

马奈决定在《歇息》送到艺术沙龙之前，再作最后一次修

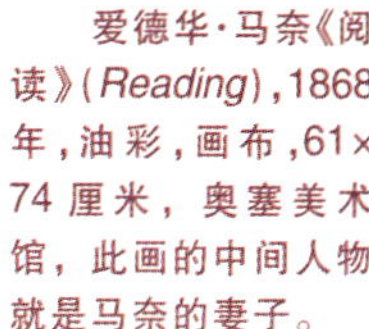

爱德华·马奈《阅读》(*Reading*),1868年,油彩,画布,61×74厘米,奥塞美术馆,此画的中间人物就是马奈的妻子。

改,贝尔特也记录了当时的情景:

> 他约一点钟左右走进来,认为此画看起来还不错,只觉得洋装的下半部不太对劲,他拿起刷子,在上面添加一些特点……妈妈高兴得不得了。从这儿,我知道不幸的事就要开始,只要他想做的,没有任何事情可以阻挡他,从裙子画到衣服上半部,再画到头部,然后再画到背景。这其间,他讲了不止一千个笑话,笑得像疯子一样。之后,他把调色板递给我,然后又拿回去,最后于下午五点,我们合力完成一张最美的讽刺画。

所谓“最美的讽刺画”,听来相当刺耳。依她的完美主义标准,她一点也不满意,心里十分地挣扎,外界人士更认为她是他的学生。其实并不然,她从未缴过学费,也从未正式跟他上过一堂课,所以不该说是她的老师,她倾向跟他的关系是平等的。她想告诉马奈,最后修改的部分很不妥,糟透了,但又怕触怒他，伤害他的自尊心，之后她把这件事称作一场“悲剧”。

在两人的关系上，马奈总处于优势，虽然他介绍一些经纪人推销她的作品，但有形无形地却又支配着她；另外，贝尔特反对学院派的要求，极力想跟现代艺术新精神同步。在这种情况下，她渴望加入“艺术家、画家、雕塑家与雕刻师的不具名合作社”，里面成员包括：莫奈、雷诺瓦、毕沙罗、西斯莱、德加等。但这举动却让马奈很不悦，指责她不应该降低身份，还批评这些人是一群疯子，他一生不愿意参加任何组织，认为自己独创的美学风格不需任何派别来肯定。然而问题是，贝尔特还未达到他那样的程度与地位，一直缺乏安全感的她，认为参与团体至少能给自己更多的机会，却遭到马奈的鄙视，他说：“你为什么不干脆就跟着我呢！”可怜的她打不定主意，不知如何是好。她了解，已有家室的马奈根本无法在生活上保护她；在艺术的专业上，她软弱、没自信，跟马奈的强烈自我相形之下，总让她觉得做什么都不对。

在《歇息》这幅画中，她的神情与姿势暗示她再也顾不得一切，早已把自己交给艺术家，她往前伸的小脚，就如马奈诠释：

> 若想了解一个女人，只要看她怎么样摆脚姿就知道了……多情的女子脚是向外摆的，当一个女人将脚往内摆，你就别想期待什么了！

从贝尔特的小脚，马奈能感受到她对他的爱慕与多情。

濒临崩裂的心

一八七〇到一八七一年期间，欧洲爆发了普法战争，让正在酝酿情感的这对情人得各自照顾家人，无暇顾及男女私情。当这场战争结束，德意志帝国随之建立后，他们两人再度聚在一块，这次的相遇，马奈更将战争的苦难与忧郁的情绪全投注在贝尔特的身上。他使用漆黑的色调来描绘她，完成一幅《贝尔特·莫里索与一束紫罗兰》，哲学家保罗·瓦雷里看到此画时，立即惊叫了起来，赞叹这是马奈最棒的作品，因此写下一段文字：

> 那黑色的震撼力，简单背景看似冷酷，靓丽的肉体在此刻却显得苍白，但又有幸福的样子……她头上戴着一顶形状奇异的帽子，代表“狂热”与“年轻”；她脸两旁凌乱的鬈发，帽缘的细绳与蝴蝶结；她拥有一双大眼睛，那模棱两可的眼神告知了她的深邃与分神，仿佛传达一种“缺席的状态”——所有这些元素集中在一块，把我的独特感官都引诱出来……“诗性”就是我看到这张画时立即的感觉……我现在可以大胆地说，此肖像本身就是诗。因特殊颜色形成的和谐，强度的非一致性，她当代发型的对比细节，她的脸时而显出朦胧的表情，这些暗示的并非悲剧。马奈的这幅画引起了共鸣，他坚决把神秘的成分带进来，将此模特儿的外形混合一条单弦，只适合一位兼并独特与抽象感的魅力少女，她就是贝尔特·莫里索。

爱德华·马奈《贝尔特·莫里索与一束紫罗兰》(*Berthe Morisot with a Bunch of Violets*)的局部，1872 年，油彩，画布，22×27 厘米，私人收藏

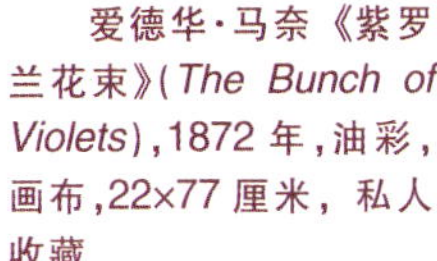

爱德华·马奈《紫罗兰花束》(*The Bunch of Violets*),1872 年,油彩,画布,22×77 厘米,私人收藏

此段诠释的文字已经把作品的灵魂勾勒出来,画的“诗性”正说明贝尔特与马奈难解的爱意。据说,在进行此画当时,这对爱人互吐心声,在难以克制的情况下,他们迸出浓烈的情欲。就在此刻,马奈明了她已到了适婚年龄,但又怕她远嫁,再也看不到她,于是想出一个让彼此永不分离的对策,他说:“就嫁给我的弟弟吧!”

在《贝尔特·莫里索与一束紫罗兰》中,她胸前有一束紫罗兰,然而整幅画的漆黑色调盖住了它;若未仔细观察,我们可能忽略它的存在。不久,马奈又画了一张很迷人的“视觉情书”,称作“紫罗兰花束”。在这儿有一束斜放的紫罗兰,一把合上的扇子,一张展开的白纸,上面写着:“给贝尔特……马奈。”中间的模糊字样告知一切尽在不言中。

始终如一的缪斯

犹记在一八六八年,与贝尔特初遇不久后,马奈便写一封信给方丹·拉图尔,说:

> 莫里索家族的女孩很迷人,只可惜不是男人。不过,她们身为女人,每个将来可能嫁给学院派的人,一定会在守旧派的圈子里挑起一些麻烦。

然而,马奈的预测完全错误,贝尔特不但没有嫁给守旧派的人士,反倒最后听他的话,嫁给他的弟弟尤金。之后两人的关系由爱人转为亲人,但情感的寄托依然,在艺术创作上,她继续走向马奈的现代之路。

不论如何,在深沉的角落里,她始终是马奈的人;对艺术家而言,她永无止境的忧郁却也成了他心中最美丽的缪斯。

一件由画家克里姆特创作，目前藏在奥地利美术馆的《吻》，里面散满花花绿绿、灿烂的金黄因子，与情人们的拥抱，是所有男男女女的梦想天堂。看到这美丽的情境，我不禁自问背后隐藏了什么秘密呢？

有"情圣"之称的克里姆特，曾为世间无数的女子画下感性的模样，但也都仅是蜻蜓点水般地划过，唯独一位比他小一轮的爱蜜丽，他们之间的情感最特殊，从相遇的那一刻，心的掠夺就此展开。

一万个永恒的春天

古斯塔夫·克里姆特的爱蜜丽

有"奥地利情圣"之称的古斯塔夫·克里姆特，一生画过无数的情色图像，从希腊罗马神话的女神、《圣经·旧约》故事的女主角，到现实生活中的贵妇、模特儿、村姑、妓女等，为世间的女子留下感性的模样。老实说来，他与这些女人的关系就如蜻蜓点水一般地划过，但唯独一位小他十二岁的爱蜜丽·芙萝菊最特别，从他们相遇的那一刻，她就已掠夺他的心，直到生命终了。

克里姆特与爱蜜丽两人一直都没有婚姻的捆绑，他在一八

《爱蜜丽·芙萝菊》,1910年,艾特湖边(Attersee)凯偕拉·沃克收藏

克里姆特与爱蜜丽的合照,1900年代初期维也纳私人收藏

九七到一九一七年旅行期间寄给她的三百九十九张明信片中,也没提到像“我爱你”的只字片语,他们似有似无的暧昧也经常弄得后人团团转。不过,比克里姆特小十七岁的音乐家阿尔玛·马勒渥佛,因美丽、活泼与聪颖,引起不少上流社会男子的迷恋,她浪漫的性格,更有“爱情女教主”的封号。在她的日记里,不但撰述了自己与克里姆特的热吻与调情,也坦承爱蜜丽确实是他们之间最大的障碍,更表示画家与爱蜜丽的情谊没有任何人能切断。

克里姆特从慕尼黑寄给爱蜜丽的明信片,No. 172,1908年7月7日

古斯塔夫·克里姆特《爱蜜丽·芙萝菊的半身肖像》(*The Half-Portrait of Emilie Flöge*),1891年,粉彩,67×41.5厘米,私人收藏

克里姆特与画和颜料为伍，爱蜜丽则从事布料的剪裁及设计。她经营的一家流行屋，装潢全由约瑟夫·霍夫曼与科罗曼·莫塞尔两位大师负责，整体看来既高雅又现代。虽然经历了第一次世界大战的侵袭，又面临成长专卖与百货公司的威胁，她设计的服饰也比一般裁缝师的贵上十倍，但在她经营手法下，却做得有声有色，甚至在高峰期，还雇用到八十多位员工。

爱情的原型

《爱蜜丽·芙萝菊的半身肖像》是克里姆特为她画的第一件作品，当年他二十九岁，早已荣获奥匈帝王赐予的两个奖项，可算是英年才俊。同年，爱蜜丽的姊姊荷丽妮嫁给克里姆特的弟弟恩斯特，成了亲家后，克里姆特和爱蜜丽两人才有机会碰面。

在这幅画里，爱蜜丽戴上冠饰，身穿白色衣裳，像纯洁小公

古斯塔夫·克里姆特《陶伯河畔的罗滕堡活动中的丑角》(*Der Han Swrust auf der Jahrmarktsbühne in Rothenburg ob Rothenburg ob der Tauber*)，1891－1892年，油彩，画布，私人收藏

主似的。她将一头蓬松鬈发绑起来，一副矜持与谦虚的侧脸，略长与特殊的鼻形、紧闭的嘴、那双深邃的眼睛，下缘显得稍微暗肿，一副忧郁的样子，俨然是一位心灵受创的小女孩，急需被人珍爱。克里姆特与她初遇的那一刻，这纯真与怜惜的模样就变成他一生的情爱原型。

我始终认为，相遇在爱情之中扮演很关键的角色，爱蜜丽少女般的稚嫩，在家排行老幺；克里姆特肩负照顾家人的责任，他成熟，在艺术界受到尊荣般的推崇。对她而言，他像父亲、叔叔、大哥哥、老师，除了当爱人之外，又多了一份英雄般的崇拜，他们的感情就以此种模式延展下去，持续了一生。

爱人的与众不同

一八九一年，克里姆特跟弟弟一同创作《陶伯河畔的罗滕堡活动中的丑角》。因画中人物牵涉众多，需要不少模特儿来

古斯塔夫·克里姆特《陶伯河畔的罗滕堡活动中的丑角》局部，1891-1892 年，爱蜜丽站在人潮的中央

古斯塔夫·克里姆特《爱蜜丽·芙萝菊的肖像》(*The Portrait of Emilie Flöge*),1893年,油彩,纸板,41×24厘米,维也纳艾伯特美术馆

摆姿,于是克里姆特与芙萝菊两家的人全部入画。这具有戏剧化的效果,多像活生生的团体肖像,成为牵系两家永不分离的最好见证。

然而,画作才进行不到一半,克里姆特的弟弟恩斯特就撒手离开人间,克里姆特得独自完成此作品。同时,他也代替弟弟照顾刚出生的女儿,每天固定拜访芙萝菊一家人,自然地,他与爱蜜丽的情谊逐渐滋长。

在这幅画作里,爱蜜丽站在人潮的中央,她深邃的眼神,紧闭的嘴唇,直挺的鼻子,身上没有珠宝首饰的点缀;凝视台上丑角的表演，那端庄的姿态、专注的神情，与圣洁的模样，简直完美至极。她被摆放在画布的中间，说明她在画家的内心占有一席最醒目的地位；她胸前打着大蝴蝶结，身穿鲜红的洋装，也代表克里姆特那炽热的爱情。

克里姆特很喜爱这个形象，一年后，他又画了几乎一模一样的爱蜜丽。这时候，她独自站在美丽的花园里，全身的红与绿，与一旁的绿树红花相配，仿佛有人比花娇之姿。

兼具的成熟与性感

一张克里姆特在一九〇二年画的《爱蜜丽·芙萝菊的肖像画》，她被夹在两个巨大之物中间，那拉长的身躯，仿佛采用西班牙画家艾尔·格列柯的夸张化加长画法。她左手插在腰间，另一手轻松地摆放，在这儿没有往上梳的发型，取而代之的是散开的蓬松鬈发，看来多么撩人啊！她整个脸蛋儿与身躯几乎朝向正面，深情依旧的双眼，直视着克里姆特，微张的嘴唇，红晕的脸颊，与未遮的前颈到前胸，都流露着几许的性感。

新颖的蓝、紫、绿、金、黑、粉五色系列的洋装，是克里姆特特别为她设计的样式，他很懂得用符号去表达意象与情感。在他的美学符号中，圆或椭圆代表女性的阴柔，正方或长方象征十足的阳刚，两个半圆整合的圆就像女人丰厚的阴唇。在这儿，爱蜜丽胸前的衣裳布满了阴唇，金色的圆形与方形也扩散到胸部与脚底各处。值得一提的是，她身旁的两块巨大之物，象征克里姆特的那双大腿，她直直的站立就如性高潮时阳具的勃起，这些在在都传达了他对她的亲密与爱恋。

古斯塔夫·克里姆特《爱蜜丽·芙萝菊的肖像》(*The Portrait of Emilie Flöge*),1902 年，油彩，画布,181×66.5 厘米,维也纳市立历史博物馆

克里姆特在1909年为爱蜜丽设计的服装

克里姆特为爱蜜丽设计的服装，特别适合在听音乐会时穿着

由于当时一方面，知名建筑师亨利·威尔德与画家科罗曼·莫塞尔为他们的妻子设计服装，之后，艺术分类不再只限于绘画、雕塑与建筑，服装设计开始也被列入艺术的形式。因此，“艺术服饰”的风尚渐渐传开来。另一方面，传统的设计总把女性腰部绑得紧紧的，看来纤细，但束腰对健康与血液循环是有害的。在十九世纪末，女性自我意识觉醒，渴望脱离社会的束缚，改革服饰随之兴起，女体不再只是男人的性欲之物。新的服饰不强调细腰，从肩到脚底直竖下来，人不仅能自在地呼吸，也可以轻松地走路、爬山、骑车、打球……做各种激烈的活动。在这一波潮流下，克里姆特不落人后，也为爱蜜丽设计不少前卫样式的服装。

克里姆特为自己爱人设计的衣装，直筒下来，未显露腰身。在他眼中，她不再单单扮演性欲之物，她更多了一份特质，成了自主的宣言。女性解放的象征，从原先小女孩的羞涩，此刻摇身一变，展现眼前的是一名成熟、自信与美丽的女子。一九〇二年，爱蜜丽正与另外两个姊姊一起做流行服饰，两年后，成立一家流行沙龙，这幅画可说是克里姆特为她设计生涯所作的祝福。

爱的寓言

一幅犹如好莱坞电影海报的《爱》，是克里姆特初次描绘男女罗曼史的作品，也可算他踏入象征主义美学的开始。这名男子的身躯藏在树丛之后，我们只能看见他的侧面及暗暗的肤色，他深情望着搂在怀中的少女；她一头蓬松红发与白色衣裳全属于爱蜜丽的造型，若再仔细观察少女侧脸的轮廓，特别是额头、鼻形与下巴，再跟爱蜜丽的照片一比较，简直一模一样。还有，少女眼睛下缘的忧郁感，我们可以判定，她就是爱蜜丽本人没错。

画中少女右手紧紧抓住男子的手臂，左手搂住他的脖子，那样心甘情愿，那样全心投入，静悄悄等候被亲吻的那一刻。此

古斯塔夫·克里姆特《爱》(Love)，1895年，油彩，画布，60×44厘米，维也纳市立美术馆

这张照片是克里姆特在1907年拍摄的，爱蜜丽穿上一身的夏装，她侧面特别的漂亮

俊俏男子是何方神圣呢?说来,克里姆特很少作自画像,但在他的一些作品里出现的男子,经常以不同的角度来表现他们的头部,有时侧面、有时低下头,有时把脸隐藏起来,故作神秘状。这与他生性害羞的个性相符,几近南美洲人的肤色也是他另一项明显的特征,这是他隐藏自己的方式。总之,《爱》的男主角指的便是克里姆特。

在画的上端,中间有一位小女孩,右边是名年轻的美丽女子,最左侧则是一个干枯老女人的头,旁边尚有一只眼睛瞪得大大的骷髅头。她们分别象征童年、青春、老年与死亡。爱情的确是年轻的首要权利,但却又不断地被岁月怨恨、嫉妒,被死亡的阴影要挟。克里姆特一方面享受情爱的欢愉,不过悲观也经常袭击着他,心中一直无法纾解开来,难怪他坚持不婚,他曾坦白地说:“婚姻是我唯一想远离的。”

吻的遐想

在一幅他最家喻户晓的作品《吻》中,情侣以从上到下的垂直方向立在中央,下方画有绿色的草地与无数点缀的小花;同时,整个图案也加入文艺复兴的优雅、埃及美学的冻结感、前拉斐尔派的梦境、拉文纳马赛克的幻想——多重的元素为这幅画增添了不少的魅力。这儿没有光影的投射,三度空间感早已不复存在,这对男女被一座钟状的圈圈包裹起来,与周围土咖啡色(代表凡间)的背景完全隔离开来,他们心醉地相互拥抱,一点也不在乎时空的移转,完全进入忘我的境界,这中间的黄金闪闪诉说了大地的祝福。

古斯塔夫·克里姆特《吻》(*Kiss*),1907 年,油彩,画布,180×180 厘米,维也纳美景宫美术馆

古斯塔夫·克里姆特,用《吻》的主题设计一个胸针的图案,在左侧写上"EMILIE",1917 年,铅笔,私人收藏

这位陶醉在爱情天堂里的女主角是谁呢?经由我的研究,在此列出以下三个提示:

一、红色的鬈发,宽圆的脸庞,眼睛下缘那蓝绿的画痕,带有些许的忧郁,这些全都是爱蜜丽的特征。若拿这张跟一九〇二年的爱蜜丽肖像画作比较,脸蛋简直像极了。

二、克里姆特去世前一年,他用《吻》作主题,设计一枚胸针的图案，上面写着EMILIE（爱蜜丽）的字样，完成后准备要送给她。由此判断，《吻》是为她而作的。

三、据说在克里姆特过世后，爱蜜丽将《吻》的印刷版图（原画已在一九〇七年被人购买）挂在自己的房里，每天看着它入睡。由这些得知，女主角就非爱蜜丽莫属了。

《吻》传达画家的欲望，诉说世上再也没有一件事比跟爱蜜丽在一块更美、更永恒的了。

实现的满足

从一九〇五年开始，四年内，克里姆特设计斯托克莱宫饭厅的三面壁画，以《期待》、《生命之树》与《实现》的三个主题来创作。在这里，他沿用灿烂的金黄为主色，然而在《实现》这画中，这对男女不像之前的《爱》与《吻》，男子的庞大身躯整个背几乎朝向我们，仅仅露出深暗的颈部。他低下头来，整个人都投入拥抱之中，在此表现义无反顾的全心依赖；再次，克里姆特刻画他与爱蜜丽相拥的情景，他们之间隐藏的一段浓厚、难舍难分的情谊，在此表露无遗。

他一八九五年的《爱》、一九〇七年的《吻》与一九〇五到一九〇九年的《实现》都刻画陷入爱情的男女，相拥着，即将亲吻的镜头。据说，当罗丹的《吻》在一八八七年的布鲁塞尔展出时，克里姆特也亲临现场，因而得到的灵感。但不同于罗丹的袒露手法，克里姆特即将亲吻的那一刹那更能激发观众的想象空间，感觉更迷人。

古斯塔夫·克里姆特，《实现》(*Fulfillment*)，
1905–1909 年，维也纳奥地利应用博物馆

无婚姻形式的爱情

在十九与二十世纪交接的年代，知性圈子开始散播一股浪潮，许多男男女女打破传统的婚姻制度，鼓吹自由恋爱，像奥地利的剧作家诗人格里巴尔泽与凯瑟琳、德国的康丁斯基与嘉布丽……都主张无婚姻的爱情伴侣。当然，克里姆特与爱蜜丽也不例外，加入了这新起的行列。

他们两人的成长背景很类似，双方的父亲皆为艺术家，克里姆特与弟弟是画家，爱蜜丽与姊姊们都有服装设计的天分，爱好艺术与自由的因子在这对情人的身上窜流。克里姆特的色性不改，一直与其他模特儿们调情做爱，也与上流社会女子酝酿暧昧的关系，据说，他跟不同女人生下至少十四个小孩。爱蜜丽对这些不忠的行为却很容忍，她知道唯有给他自由，他才能创作，让他不陷入道德的挣扎，一辈子心甘情愿当他无名分的

古斯塔夫·克里姆特《艾特湖边的屋子》，(*Houses in Unterach on Lake Atter*)，1916年，油彩，画布，110×110厘米，维也纳美景宫美术馆

妻子。阿尔玛曾记载这位情敌："她有一对不寻常的眼睛，是经验的、伤心的、漂浮的。"面对这位不屈就婚姻的浪子，爱蜜丽又能如何呢？不难想象，这可是她一生的痛处啊！

他们在一起的日子总是那样悠闲，他在一八九八年创作第一幅风景画。从那一刻起，他们每年仲夏都会一块儿度假，他一定趁机画画山水。从这些风景作品中可见他那份单纯的快乐，她总穿上他设计的衣服，一同游山玩水、踏青、划船，他们笑得多开心，日后克里姆特将这些快乐的日子称为："我们的春天"。

克里姆特临终的嘱咐："叫爱蜜丽过来。"在咽下最后一口气前，唯一想见的人就只有她。

克里姆特与爱蜜丽在工作室花园的合照，约 1905 年，奥地利国立图书馆

克里姆特与爱蜜丽于艾特湖一同在船上的合照，约 1905 年，奥地利国立图书馆

天荒地老

我细读了他给她的三百九十九张明信片，还有他为她画的肖像，从中虽然没有赤裸裸的性爱

讯息，但那字里行间的思念与关怀，及画的曲线与情色的温柔对待，尽管没有婚约的捆绑，但他们一生的相系、相知、相伴，说尽了爱情的天荒地老。对我们来说，其实够感动了，不是吗？

克里姆特的情色胃口不小，沾染了上流社会的已婚女子，他为她们的妩媚留下身影，在这些众贵妇之中，阿德勒的魅力最难挡，令他着魔不已。

非常前卫的阿德勒，是一位热爱知性的女子；来自贫户的克里姆特，充满野性，这样特质无法在大资产家男人们身上触摸得到。借由画肖像的过程，他们的情爱滋长起来，一发不可收拾。

引人遐思的性感尤物

古斯塔夫·克里姆特的阿德勒

二〇〇六年五月在苏富比拍卖会场上，克里姆特的黄金闪闪作品《阿德勒·布罗荷鲍尔肖像画之一》，被亿万富翁劳德用一亿三千五百万美金买下，成为当时最昂贵的一件艺术品。同年十一月，另一件作品《阿德勒·布罗荷鲍尔肖像画之二》在佳士德拍卖会场上，以八千八百万美金高价卖出。

自纳粹政权占领奥地利那刻起，历经七十年，这两幅名画共转让三次。在奥地利政府一九四六年通过艺术赔偿法之后，记者慈宁到奥地利美术馆用手抄写，把布罗荷鲍尔档案一一抄

古斯塔夫·克里姆特《阿德勒·布罗荷鲍尔肖像画之一》(*Adele Bloch-Bauer I*),1907年,油彩,金箔,画布,138×138厘米,纽约新画廊

录下来，共花了一年时间才完成，然后出版专文说明克里姆特的五张油画（两件阿德勒·布罗荷鲍尔肖像画与三件风景画）如何被霸占，如何被转让，将真相揭发出来。一位名叫玛丽亚·阿特曼的犹太人，是画中人物阿德勒的侄女，当时八十多岁的她竟跟奥地利政府做了长达七年的法律诉讼，终于在二〇〇六年一月，判决贝尔维德雷美术馆必须将此五件作品全数归还给阿特曼，争议已经落幕。对她的家族来说，这丰收结果犹如甜美的果实；然而，背后又隐藏多少不为人知的故事呢？

三角关系的酝酿

画中的女主角阿德勒，有粗重的眉毛，高挺的鼻子，盘上的深黑色长发，是当时上流社会的时尚发型，这些特点与她长形的脸蛋给人不可一世之感。在《阿德勒·布罗荷鲍尔肖像画之一》，她颈上戴着一条丈夫斐迪南德送的价值不菲之项链，她袒露的肩、前胸、手腕、些许的下半手臂，流露几许的性感，身穿一袭金黄色系的多彩衣饰，仿佛孔雀开屏似的灿烂耀眼；在另一幅《阿德勒·布罗荷鲍尔肖像画之二》，她戴着一顶大圆的黑帽，有白羽的毛边，胸前穿上薄薄的蕾丝，与一身昂贵的长袍与披挂。两张都是斐迪南德特别邀克里姆特为他美丽妻子留下身影而画的，因着这些作品也让阿德勒日后成了世上最“尊贵”的女人。

其实，也有不计其数的西方文学作品描述过关于肖像画的故事，像一六一二年韦伯斯特的《白魔鬼》与十八世纪的一本讽刺小说《高贵》，都是耳熟能详的例子。凝视阿德勒肖像画，让我不由得联想到大学时代念过一首维多利亚时代的诗《我的前公爵夫人》,诗人布朗宁那一段长长的独白,如今再度重读,更能感受诗的精彩。他不但描绘男画家、画中女主角与地位显赫的丈夫,三者之间的巧妙关系,也将他们的角色与心理状态刻画得淋漓尽致。在此,我将这首诗翻译成中文,跟读者们共享。

墙上这幅画的肖像人物是我的前公爵夫人,
她看起来像活着似的。如今,
我称它为神奇:画家佛拉·潘道夫用他的巧手
忙碌了一天,现在她就在这儿站着。
请坐下来看看她,好吗?我特意提起
"佛拉·潘道夫",未曾看过此画的
陌生人,凡是见了画中描绘的面容及
那深邃与热情的真挚眼神,
有一个不转向我(除我以外,
有任何人能将画前的帘幕拉开),
他们似乎想问我,但又不敢的模样;
怎么有这种眼神呢?所以,
你并非第一个转身问我这样问题的人。
先生,不是仅有她丈夫出现时
才让这位公爵夫人的脸颊面带欢欣,或许
潘道夫偶然说过:"夫人的披风
遮住手腕太多了",或者说:
"没有任何颜料能绘出

你那颈部淡淡红晕美丽的样子。”
她将这种闲聊当成一种恰当的礼节,
足以唤起她的欢心。她那颗心——
我要怎么说才恰当呢?——随便就可取悦她,
太容易感动了。看到任何东西都喜欢,
她的眼光也到处飘。
先生,对她而言,什么都一样!不论是她胸前
佩戴我送给她的饰品,或是彩霞的余晖,
或是殷勤的傻子在花园中攀折樱桃枝
送给她,或是她骑着
白骡绕行花圃——所有这一切
同样地都让她赞美不已,
否则,至少泛起红晕。她感激人们——好的!
但她的感激——我说不上来——她仿佛
把我赐予她的九百年的门第
与其他人的礼物并列。谁会
屈尊谴责这种轻浮的举止呢?即使你拥有
一副好口才(我却没有),将你的意志
跟这种人表明清楚:“你这点
或那点令我恶心。这点你差得远,
那点你超越了界线。“虽然她肯听
你的训诫,毫不
与你争论,不为自己辩解,
——然而,这会有失身份,因此我选择
绝不屈尊。噢,先生,她总是微笑,

每当我经过她身边;但是不论哪个人走过,
谁没有接收到同样的笑容呢?发展至此,我下了命令,
一切微笑都必须制止。她站在那儿,
像活着一样。可否请你起身?
我们一起下楼,客人们正等着呢!我再重复一次:
闻知你的主人是位慷慨的伯爵
应足以保证:我对嫁妆的要求
不会生变才对;
当然,如我一开始承诺的,
他美貌的女儿才是我真正追求的目标。好吧!咱们
一起下楼吧!注意看这尊驯服海马的海神尼普顿,
这是件珍贵的收藏品,
是克劳斯用青铜为我特制的。

因画家的甜言蜜语,听在耳里的公爵夫人欢欣不已,公爵看在眼里却很不是滋味。在她去世后,公爵向外人介绍这位前任妻子时,忌妒之火油然上身,我们心知肚明他正在商议下一段婚姻,也向这位媒人表明他对下一任妻子的要求,美其名曰收藏一尊"驯服海马的海神尼普顿"的雕像,其实他极像莎士比亚笔下《驯悍记》中的丈夫,将妻子教训得服服帖帖,甚至有过之而无不及,虽然请了潘道夫绘制妻子的肖像,却视她如占有品一样。在艺术观点里,公爵扮演收藏家的角色,他有掌控画作内容的权力;潘道夫是肖像画家,绘画技巧有如画龙点睛,栩栩如生;被画的公爵夫人便是模特儿,就如同世上无数的女人一样,丈夫愿花钱为她留下美丽身影,绘制过程中,画家经常频

频地献殷勤，她的“虚荣心”自然就产生出来。

同时，这两幅阿德勒的肖像画也酝酿一种微妙的三角关系，克里姆特不满权威的束缚，创立分离派艺术运动，也担任月刊《神圣的春天》的编辑。这前卫风潮很快赢得大资产阶级的全力资助，阿德勒与丈夫斐迪南德也在其中，虽然夫妻品味完全不同，斐迪南德当时拥有一家奥地利最大的糖厂，喜爱珍藏十七世纪的陶瓷品与十九世纪奥地利的艺术品。流言克里姆特与阿德勒之间有一段浪漫的爱情故事，众说纷纭，一直到一九八六年，阿德勒生前的贴身丫环与家庭医师向一位美国心理治疗师透露她与画家的暧昧关系，这段婚外情才被证实；至于丈夫生前是否了解这段偷情史，那就不得而知了！

当时奥地利无论在前卫艺术、音乐、建筑、哲学与文学上，样样都超越巴黎。斐迪南德与阿德勒是当地最慷慨的艺术赞助者之一，对文化的热情不在话下，知名人士每星期到访他们的豪宅与别墅，参加沙龙聚会。他们的常客除了克里姆特之外，还包括音乐家马勒、阿尔玛、施特劳斯，画家席勒、柯克西卡、摩斯，作家斯蒂芬·茨威格与阿图尔·施尼茨勒，也有社会主义派的政治家瑞那，社交活动充满新派的刺激与活力。

阿特曼九岁前，经常在家族的聚餐场合中遇见阿德勒，当她被问起对这位阿姨的印象如何？她毫不避讳地说：阿德勒外表冰冷，聪明绝顶，对政治有很高的敏感度，是深信社会主义的一名女子。散发优雅气质的她，个子高挑，具有略黑的肤色，通常身穿白色衣裳，金色的长条烟嘴更成了她爱不释手的玩意儿。在这段经人安排的婚姻里，她过得并不快乐，从未得到真正的幸福。

阿德勒与克里姆特之间怎么会产生爱情的火花呢？其实并不难想象，她很前卫，是一位热爱知性、享受自由的女子；另一方面，来自极度穷困家庭的克里姆特充满野性，是一名全能的情圣，他散发的感性与动物味，在大资产家男人们的身上看不见、闻不到，也触摸不着。而且，借由画肖像的过程，他不断对她甜言蜜语，就像《我的前公爵夫人》诗中的潘道夫与公爵夫人一样，他们的情感逐渐滋长，最后一发不可收拾。

阿德勒在一九二三年（去世的前两年）写下一份非正式的遗嘱，表示她未来想将克里姆特的画全数捐给奥地利国家美术馆。当她过世时才四十三岁，裴迪南德把她的卧房转换成一个纪念馆，里面摆设她生前喜欢的艺术作品，包括一些克里姆特的画，也下令仆人定时得将鲜花插好摆在房里，纪念这位美丽的妻子。或许你已经发现，他的作法跟之前《我的前公爵夫人》的描述不同，当公爵夫人去世后，公爵用帘幕遮掩她的肖像；然而，斐迪南德则完全相反，这显示了他对妻子的深情。纳粹政权入侵维也纳时，这些画全落入外来政权的手中，身为犹太人的斐迪南德不得不逃亡，他先转向布拉格，再到苏黎世定居。在一封写给柯克西卡的信里，他椎心刺痛地说："我用全部的心渴望某一天能够

古斯塔夫·克里姆特《阿德勒·布罗荷鲍尔肖像画之一》的练习图，约 1903 年，黑色粉笔，45×32 厘米，加拿大国立美术馆

古斯塔夫·克里姆特《阿德勒·布罗荷鲍尔肖像画之一》的练习图，约 1904–1906 年，黑色粉笔，44.4×31 厘米，加拿大国立美术馆

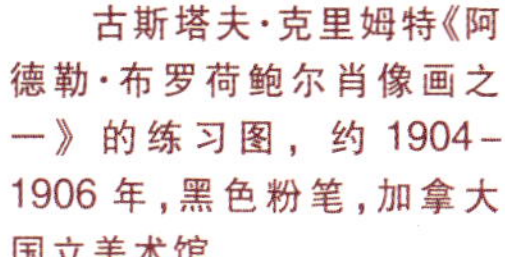

古斯塔夫·克里姆特《阿德勒·布罗荷鲍尔肖像画之一》的练习图，约1904-1906年，黑色粉笔，加拿大国立美术馆

找回我亲爱妻子的肖像画。”他在异乡孤独的生活，始终对阿德勒怀有无限的思念，找寻她的肖像画是他一生未完成的心愿。临死前，因膝下无子女，他立下遗嘱，明白地表示愿将先前拥有的财产与艺术品，全数由他的三位侄子与侄女继承。

金黄色的愉悦

六十多年来，《阿德勒·布罗荷鲍尔肖像画之一》一直以《穿金色衣裳的女人》的名称与大众见面，奥地利政府借此有意让人淡忘布罗荷鲍尔家族及过去不光荣的历史。克里姆特为此画进行一系列完善的前备工作，作了两百张左右的绘图，共花费三年才完成。若仔细观察，我们会发现它蕴藏着“一幅画，两种思绪”。怎么说呢？一方面，颈上昂贵的饰品、脸部特征、袒露的肩、前胸、手部等，全属于阿德勒，是写实的；另一方面，服

古斯塔夫·克里姆特《荷敏·加里亚肖像画》(*Portrait of Hermine Gallia*)，1903 年，油彩，画布，170×96 厘米，伦敦国家艺廊

古斯塔夫·克里姆特《萝丝·范·罗宋佛德门肖像画》(*Portrait of Rose von Rosthorn-Friedmann*)，1900–1901 年，油彩，画布，190×120 厘米，奥地利美景宫美术馆

饰、首饰、背景的描绘完全是克里姆特想象出来的，我们看不到光的投射与影子的效果，因而缺乏三度空间的深度，给人一种似真似梦的感觉。敞开的外披衣就像孔雀开屏时那般耀眼，阿德勒犹如大理石雕像的模样，冰山美人般的脸蛋，将尊贵与冷酷表露得一览无遗；却也拥有另一番截然不同的观察，她盘上的头发有如蛇的蠕动，慵懒与深邃的眼神，晕红的脸颊，略开的性感红唇，这些仿佛是性爱交响乐的前奏曲。由小碎方格组成

古斯塔夫·克里姆特《玛丽·汉尼柏格肖像画》(*Portrait of Marie Henneberg*)，1901–1902 年，油彩，画布，140×140 厘米，莫里兹堡国家美术馆

的一张床摆在她身后，漩涡图案的被褥,花花的椭圆形枕头,床的左侧散布红黄相间的方形整合图案。在她的外披衣上，有八个黑蓝色的长方形与无数的两个半圆结合的形状分散排列其中,这些代表什么呢?

古斯塔夫·克里姆特《尤珍妮亚·普里马佛思肖像画》(*Portrait of Eugenia Primavesi*),1913–1914年,油彩，画布,140×85厘米,日本丰田市立美术馆

擅长用符号表达意象与感情的克里姆特，用圆与椭圆代表阴柔的女性，正方或长方象征十足阳刚的男性，两半圆的整合形状就像女人丰厚的阴唇，他习惯以生物性本质的几何图形或取自然界里的形状来诠释男女的个性与形象,因此,这整张床就等同于男女性爱的园地。如果我们观察克里姆特的其他作品,黑色长方格也经常出现在男人身上,就像他的另一个代号一样,阿德勒身上的黑长方格与类似阴唇的圆,代表他们少为人知的爱情秘密。在冷酷与高贵的外表下，我们窥探到她与画家的热情与放纵，这正是我所谓的“一幅画,两种思绪”。

古斯塔夫·克里姆特《佛德列克·彼尔蒙堤肖像画》(*Portrait of Frederike Beer-Monti*),1916年,油彩,画布,169×130厘米,以色列特拉维夫博物馆

上流社会中的已婚女子，有一股特殊的气质，深深吸引了克里姆特，他为她们的妩媚身影留下永恒

古斯塔夫·克里姆特《茱迪斯之一》(*Judith I*),1901年,油彩,画布,84×42厘米,奥地利美景宫美术馆

古斯塔夫·克里姆特《阿德勒·布罗荷鲍尔肖像画之二》的练习图，约1911年，石墨，56.7×37.2厘米，加拿大皇后大学埃瑟林顿艺术中心

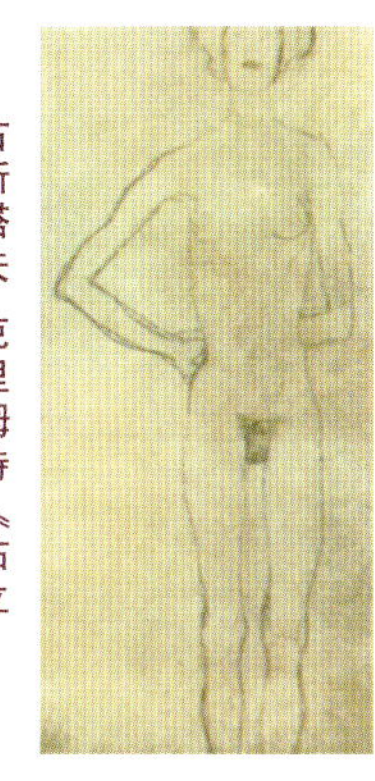

古斯塔夫·克里姆特《站立的正面裸女》(*Standing Female Nude from the Font*)，约1907年，油彩，画布，190×120厘米，奥地利美景宫美术馆

的记忆，像“荷敏·加里亚肖像画》、《萝丝·范·罗宋佛德门肖像画》、《玛丽·汉尼柏格肖像画》、《尤珍妮亚·普里马佛思肖像画》和《佛德列克·彼尔蒙堤肖像画》……

然而其中，阿德勒的魅力最让他着魔不已。他更想借由绘画语言，传达在她绚烂外衣与家庭社会传统价值的背后，有一团强烈的性欲之火正温温地酝酿着，一旦点燃，也就难以熄灭。阿德勒早在一九〇一年就为克里姆特的《茱迪斯之一》摆姿了，她在此扮演《圣经·旧约》故事中的寡妇茱迪斯，她年轻貌美、袒露右侧乳房、微微睁开的眼睛、半开的嘴唇、红润的脸庞、深黑的头发、异国风味的装扮，活生生地呈现欲火焚烧的表情，让人想入非非，仿佛引狼入室。然而，她手中抓着一个男人的头颅，诉说她用美色诱惑亚述人赫诺芬尼将军，砍下头当作复仇，这张深具“致命吸引力的女体形象”，充分表露她的性感、热情与放纵，简直一副撩人遐思的性感尤物。

完成《茱迪斯之一》后的六年，克里姆特依然难以忘怀她那一身的火热，再次邀她摆姿，这时没有任何衣物的遮掩，画了许多的裸女素描，其中一张便是《站立的正面裸女》，上身的姿态就跟茱迪斯一样。

艺术家在画里加入的金黄，对你我来说会引发怎样的情绪呢？是一种皇宫般的奢华呢？或一种现代式的奇幻呢？在克里姆特眼里，它是年轻活力与热情跳动的因子，逾越道德的善与恶，他笃信爱情是人与人之间最美的形式，将这种多样官能的感觉转换成愉悦的天堂。在《阿德勒·布罗荷鲍尔肖像画之一》与《茱迪斯之一》，斐迪南德欣喜地看见作品中妻子一身的“荣华富贵”。不过很讽刺的，在画的背后，这金黄色性爱因子蠢蠢的蠕动，仿佛是纪念艺术家与阿德勒之间最火热的一段情。

最后共舞的乐章

一九〇九年，克里姆特说：“现代年轻人不再了解我，他们

古斯塔夫·克里姆特《阿德勒·布罗荷鲍尔肖像画之二》(*Adele Bloch-Bauer II*)，1912年，油彩，画布，190×120厘米，私人收藏

往另一个方向发展，他们是否珍视我的东西，我真的一概不知。”其实，他当时正在苦思如何转变风格，于是到法国与西班牙做一趟旅行。在那儿，他爱上印象派的莫奈与塞尚，及文艺复兴的埃尔·格列柯的作品，同时东方色彩与图案也被带进当地。这些新画风都深深影响他往后的创作，他在一九一二年为阿德勒画了一幅《阿德勒·布罗荷鲍尔肖像画之二》，她身高的拉长效果明显是从格列柯那儿承袭过来的，垂直与水平的分割，背景上方的人物、马匹及建筑物，都跟东方美学扯上关系，背景下方的花花草草则犹如印象派的风景画。

在这里，阿德勒的脸与身体左右几乎完全对称，她的衣袍不再像孔雀开屏，变得约束，有节制，手的姿态也变得刚硬，这些都显示克里姆特放弃金色的绚烂，她的热情之火已熄灭了。取而代之的是红、绿、蓝相配的背景，与她身后交杂混乱的情景，多像一场战争啊！完成此画的同一年，他们也结束了长达十二年的爱情，这件作品也为他们的亲密关系画下最后的休止符。

奥地利的蒙娜丽莎

两位来自不同社会背景，却在十九与二十世纪交接的年代相遇，阿德勒短暂的青春，也因克里姆特的介入，生命变得更精彩；也因他的诠释，阿德勒赢得“奥地利的蒙娜丽莎”的美称，她冷酷的外形，在这位艺术家的眼里，却成了一位最挑逗、最热情的、最性感的美女。

从十九世纪一〇年代末期，一直到一九三七年，将近二十年的岁月中，摄影大师斯蒂格里茨为欧姬芙拍下无数的照片。在影像的宣扬之下，她从一个无名氏，摇身一变成为人人皆知的情妇，然后逐渐步入独立之路。

他敏感地察觉她那不安的蠕动，却也只能眼睁睁地看她高飞，最后因他的了解与祝福，她的蜕变也成了人间最美、最永恒的形象。

慧眼下的独立的灵魂

斯蒂格里茨的欧姬芙

女艺术家乔治亚·欧姬芙一生活到近百的岁数，共约有十五位顶极的摄影大师，包括阿尔弗雷德·斯蒂格里茨、安塞尔·亚当什、埃利奥特·波特、窦德·伟柏、欧文·伊文·潘、尤素福·卡许，与阿诺德·纽曼……都曾经包围在欧姬芙旁边，竭力捕捉她的身影。然而其中，最早发掘她独特之美，

乔治亚·欧姬芙(Georgia O´Keeffe)，尤素福·卡什《无题》(*Untitled*)，1956 年

斯蒂格里茨和欧姬芙的合照，阿诺德·纽曼，《在一个美国处所的阿尔弗雷德·斯蒂格里茨与乔治亚·欧姬芙》(*Alfred Stieglitz and Georgia O´Keeffe, An American Place*)，1944年

拍摄次数最多，维系最久，也最深情的一位，就属她的丈夫斯蒂格里茨。

无心插柳柳成荫

欧姬芙留有一头深色的长发，一对高颊骨，相当深的五官轮廓，混合匈牙利贵族与爱尔兰血统的长相。她的形象总给人一种沉静、冷漠、独立、聪慧的永恒美，加上她在画布上创作的大型花朵、贝壳、纽约景象、动物骨头、新墨西哥的建筑、风景、沙漠，都成了二十世纪最美丽、最盛放的宣言。

据说早年欧姬芙一闻到松脂，全身就不对劲，二十九岁之前，她仍然默默无闻。一九一六年，好友爱妮塔·玻里兹未经过她的允准，就扛着她的画作，走到前卫的“二九一”美术馆，展现给斯蒂格里茨看。他不仅是知名的摄影家，更是现代艺术界的权威，人们对他十分敬畏。当他一看到欧姬芙的画，再也无法自已，于是坦白地向玻里兹倾吐：“这是我长久以来看过的最

阿尔弗雷德·斯蒂格里茨《乔治亚·欧姬芙：一张肖像——头》(*Georgia O´keeffe: A Portrait –Head*)，1920年，24.3×19.2厘米

阿尔弗雷德·斯蒂格里茨《乔治亚·欧姬芙：一张肖像》(*Georgia O´keeffe: A Portrait*)，1918年，24.3×19.3厘米

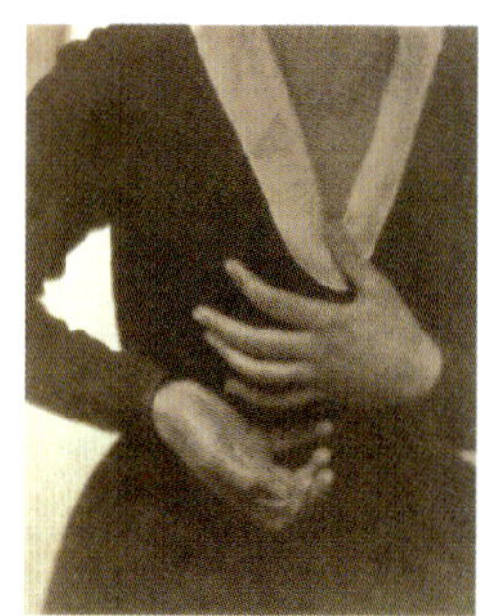

阿尔弗雷德·斯蒂格里茨《乔治亚·欧姬芙：一张肖像》(*Georgia O´keeffe: A Portrait*)，1917年，24.4×19.5厘米

阿尔弗雷德·斯蒂格里茨《乔治亚·欧姬芙：一张肖像》(*Georgia O´keeffe: A Portrait*)，1918年，9.1×11.6厘米

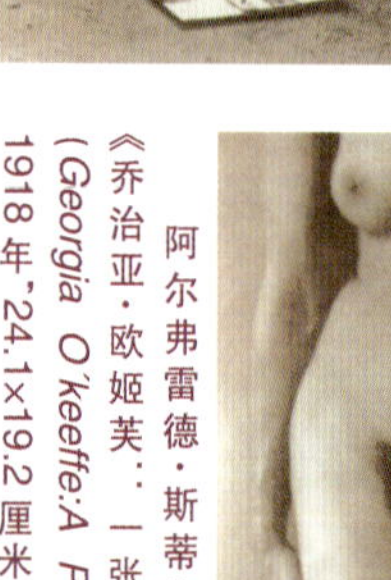

阿尔弗雷德·斯蒂格里茨《乔治亚·欧姬芙：一张肖像》(*Georgia O´keeffe:A Portrait*)，1918年，24.1×19.2厘米

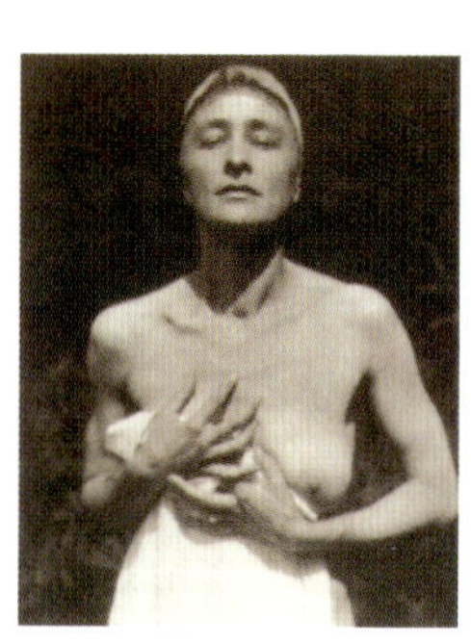

阿尔弗雷德·斯蒂格里茨《乔治亚·欧姬芙：一张肖像》(*Georgia O´keeffe:A Portrait*)，1921年，10.3×8.2厘米

单纯、最精致、最真诚的作品。“说着说着，马上就计划为欧姬芙办一个展览，他不但安顿她的住所，找工作室，还固定支付她薪水。尽管他已婚，也大她足足二十三岁，但俩人还是很自然地坠入情网。在他们独处的日子，他不断拍下她的身影，她也乖乖地在那儿做他摄影机下的性感尤物，她的脸、手、肘、脚、乳房、阴毛、屁股……身体的每个性感部位，他都不放过。

斯蒂格里茨为欧姬芙拍摄的照片，有为数不少的情色图像，他节选了其中的一百张，在一九二一年期间展示出来。知名的艺评家亨利·麦克布瑞德就谈到当时的情景：

> 这个展览造成一场巨大的轰动，蒙娜丽莎仅有一幅画值得讨论；欧姬芙则有一百张照片让人深探，此展览立即让她成名，每个人都知道她的名字。

短短的几个钟头，欧姬芙从一个无名氏，摇身一变，成为人人皆知的“斯蒂格里茨情妇”。从这一刻起，一直到一九三七年，几近二十年的岁月，他共为她拍下三百五十张以上的照片。

此一炮而红的经验，反映了照片惊人的影响力。她扮演缪斯的角色，但没想到无心插柳柳成荫，从此，为她的生涯开启了一条宽广的康庄大道。往后的日子，她很乐意在媒体面前亮相，但拒绝谈论自己的私生活，也从不向人解释她的创作内涵，总小心翼翼地处理自个儿的公众形象，就是她那未解开的神秘感，给人一种强烈的迷思，浓郁得化不开。因此，激起的震荡延续到今天都还未消退。

相知的描绘

我们会发现，在欧姬芙的众多照片之中，背景的安排大都与“身份认同”有关，譬如：在一张一九一九年所拍的《乔治亚·欧姬芙：一张肖像》中，斯蒂格里茨将焦点放在欧姬芙的光脚与依附她的雕像作品《抽象》上，艺评家保罗·罗森费德针对这张照片写下：

> 一个阳具的小雕像在感叹，它往后弯下，正在悲叹，就像水滴一样；另一方，创作的光芒也在那儿摇晃着。

这诗样的文字，虽然点到了欧姬芙的天分，但最主要说明的是：因斯蒂格里茨的了解，甚至他的牺牲，最后才得以成就她的艺术。在这里呈现的光与影对比，传达了正在进行的两件事，怎么说呢？《抽象》一作看起来就像男性的阳具，在左侧的暗处，她的脚抚慰斯蒂格里茨的阴茎，激发他的性高潮；在亮处，凸显她的作品，强调了她不凡的艺术创作。在此，我们很清楚地

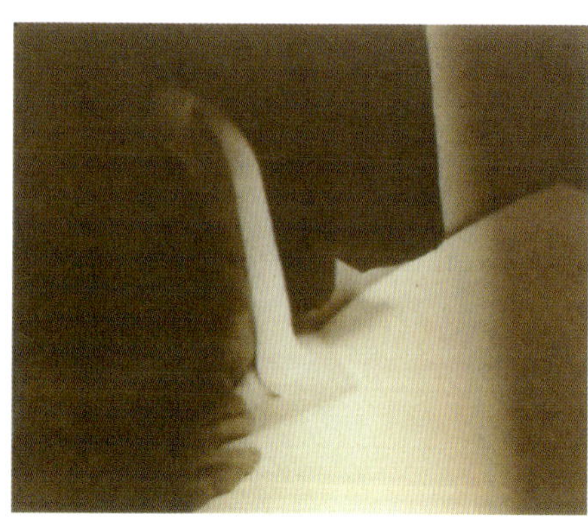

阿尔弗雷德·斯蒂格里茨《乔治亚·欧姬芙：一张肖像》(*Georgia O´keeffe: A Portrait*)，1919 年

阿尔弗雷德·斯蒂格里茨《乔治亚·欧姬芙：一张肖像》(Georgia O'keeffe: A Portrait)的局部，1918年

嗅到弗洛伊德的性解读。长久以来，人们执意把欧姬芙的艺术跟阴道与阳具扯上关系，其实，那全是斯蒂格里茨塑造使然。

另一方面，在他为她拍的一些相片中，排除了性的隐喻，取而代之的是，欧姬芙的脸与身体在自己的画前摆姿，斯蒂格里茨想强调：“不是只有漂亮的脸蛋而已。”她除了有吸引人的外表之外，尚有独特的灵魂与惊人的才气，不容小觑，这样的“身份认同”的确是欧姬芙想要的，在艺术里，她所在意的不外乎是别人对她的肯定。

她经常陷入“抽象”与“现实”的困境，在两难之间的模糊地带游走，找不到定位。在一九一九年，她创作一幅画《编号十七——特殊》，斯蒂格里茨看了之后，要求她在此画面前作一些搔首弄姿的动作。她一手触摸中间的一颗圆，另一手则停摆在距离稍远的下方，然后他将此景拍摄下来，结果成为《乔治亚·欧姬芙——双手》。这件精彩的杰作其实是参照了古希腊

阿尔弗雷德·斯蒂格里茨《乔治亚·欧姬芙：一张肖像》(Georgia O'keeffe: A Portrait)，1917年

阿尔弗雷德·斯蒂格里茨《穿睡衣的乔治亚·欧姬芙》(Georgia O'keeffe in Chemise)，1918年

阿尔弗雷德·斯蒂格里茨《乔治亚·欧姬芙——双手》(*Georgia O'keeffe – Hands*),约1919年,24.2×19.4厘米

的一则故事,约公元前五世纪,有两位名叫宙克斯与帕拉西奥斯的艺术家,为了要赢得写实画风的头衔,他们进行一场绘画竞赛。前者创作一幅葡萄静物画,逼真得很,还引来一群小鸟争相啄食的情景;后者灵机一动,画下一块帘幕,他的对手在不知道的情况下,前去拨弄,才发现自己被愚弄了。在这张斯蒂格里茨所拍的照片中,一手触碰葡萄,另一手掀开布帘的模样,玩弄二度与三度空间的错视法,给人一种幻觉,表明了抽象与现实孰轻?孰重?真的不再那么重要!

迈向独立之路

"斯蒂格里茨情妇"的名声并未带给欧姬芙快乐,反而恼怒了她。虽然一九二四年他们结成连理,独立却一直是她心中的渴望。他们冬春两季住在纽约,其余的时间则待在乔治湖,借由斯蒂格里茨的介绍,她认识了许许多多的艺术家,因此能跟不少大师们共同切磋,开阔她的视野,激发她的潜力。只要她专心作画，斯蒂格里茨每年都会固定为她举办盛大的展览，她身价攀升之快，在一九二八年，一组六张的百合花画竟以美金两万五千元卖出，在当时还存在的美国艺术家行列，她的作品创下有史以来的新高。

她的艺术被肯定之后，压力变得越来越大，急切地想换一个环境，转变心情，以寻找更多的主题与灵感。于是，她起身到新墨西哥作一趟旅行，爱上了那边天际的地平线，热腾腾的沙漠，太阳染起的幻觉，多样轮廓的岩石。在远离纽约之后，不再沾染城市的人文气息与知性的撞击，也不再受到呵护，一切都得自己来，所有的牺牲，换来的却是一片荒芜之地，这值得吗？无论如何，这是一

阿尔弗雷德·斯蒂格里茨《乔治亚与爱妲·欧姬芙，乔治湖》(*Georgia and Ida O´keeffe, Lake George*)，约1924年，11.1×8.9厘米

阿尔弗雷德·斯蒂格里茨《乔治亚·欧姬芙：一张肖像》(*Georgia O´keeffe: A Portrait*)，1923年，18.2×18.5厘米

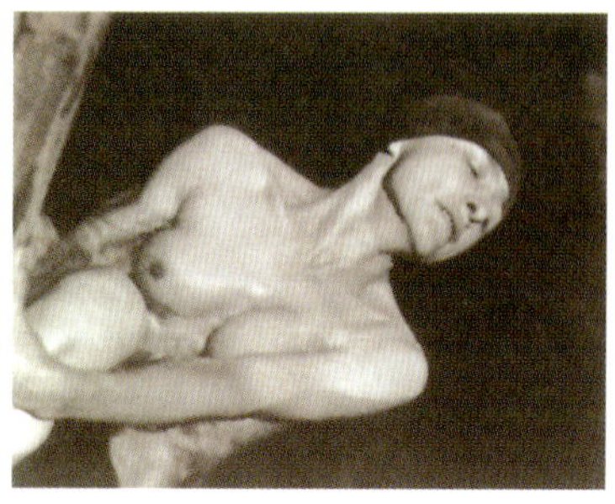

阿尔弗雷德·斯蒂格里茨《乔治亚·欧姬芙:一张肖像》(*Georgia O´keeffe: A Portrait*),1924 年,9.2 × 11.8 厘米

阿尔弗雷德·斯蒂格里茨《乔治亚·欧姬芙——从新墨西哥回来后》(*Georgia O´keeffe –After Return from New Mexico*),1929 年

阿尔弗雷德·斯蒂格里茨《乔治亚·欧姬芙:一张肖像》(*Georgia O´keeffe: A Portrait*),1930 年

阿尔弗雷德·斯蒂格里茨《乔治亚·欧姬芙:一张肖像》(*Georgia O´keeffe: A Portrait*),1931 年,19×23.9 厘米

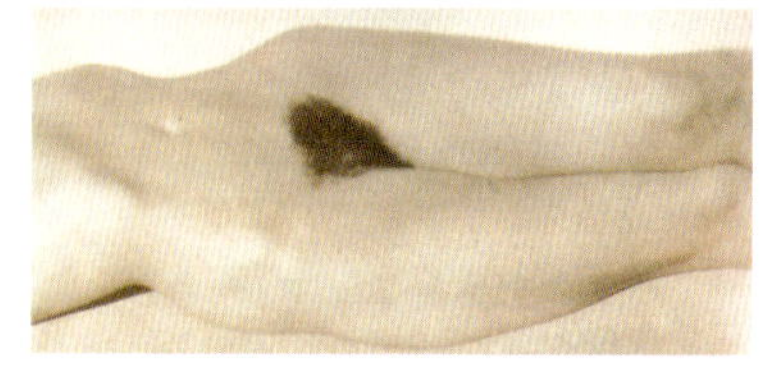

阿尔弗雷德·斯蒂格里茨《乔治亚·欧姬芙:一张肖像》(*Georgia O´keeffe: A Portrait*),1932 年,11.2×23.8 厘米

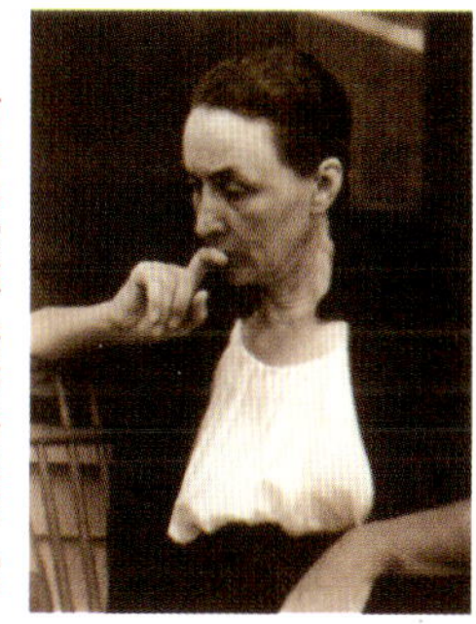

阿尔弗雷德·斯蒂格里茨《乔治亚·欧姬芙：一张肖像》(*Georgia O'keeffe: A Portrait*)，1933年，23.9×18.7厘米

阿尔弗雷德·斯蒂格里茨《乔治亚·欧姬芙：一张肖像》(*Georgia O'keeffe: A Portrait*)，1933年，24.5×19.9厘米

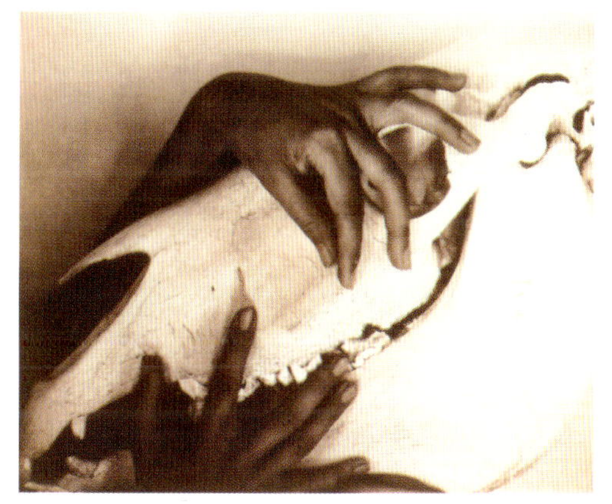

阿尔弗雷德·斯蒂格里茨《乔治亚·欧姬芙：一张肖像》(*Georgia O´keeffe: A Portrait*)，1931年，19.3×24.1厘米

个没人干扰，完全属于她的世界。

欧姬芙能成功，毫无疑问地，斯蒂格里茨是她背后最关键的推手。十九世纪三十年代，她极力挣脱依赖，一个自由的声音在内心呐喊，斯蒂格里茨眼看她逐渐离去，并未加以阻止，反而站在她的立场为她设想。他了解艺术需要自由，一旦翅膀硬了，就得让她高飞，或许两人不再形影相随，但之间的情谊仍然维系一辈子，也成了彼此一生最难忘、最不可取代的记忆。

眼睛与灵魂的相遇

关于斯蒂格里茨的摄影肖像,欧姬芙曾解释:

> 他对肖像的观念,不是一张照片就够了,他的梦想就是从婴儿出生一开始,拍摄小孩所有的活动,一直到长大,然后经历成年世界的生活,肖像本身就是一个摄影日记。

斯蒂格里茨为妻子欧姬芙拍摄的所有照片,可称之为大量的"组合肖像",这些都体现了他"摄影日记"的概念。影像中,她一身的情色,除了传达他对她的痴恋之外,也同时展现她二十年的黄金生涯,从性格的依赖到生活的独立,从年轻的稚嫩到中年的刚毅,从一位情妇的角色,历经两次世界大战,最后转变成一名二十世纪女性解放的偶像。

在这双饥渴的眼睛下,斯蒂格里茨感觉到她不安地蠕动,知道她不断地在蜕变。眼睁睁看她高飞,却得默默压抑自己对她的情欲,而她独立的灵魂也因他的了解与祝福,最后为人间留下永恒的形象。

来自丹麦的哈马修伊，创作大都以家居画为主，房间内稀疏的家具，空洞的气氛，白、泛灰、深棕色调，里面经常出现一位女子的身影，那是他的爱妻，她孤单地在那儿，但样子却很优雅。

在充满失落灵魂的环境中，她温柔与美丽的存在，扫除了哈马修伊周遭的冷漠与焦躁，也因如此，他才能执著地去追求“什么是艺术最重要的东西，什么是艺术真正的品质”。

生命中唯一的温柔与美丽

维尔汉·哈马修伊的艾妲

艾妲·伊尔斯泰德（*Ida Isted*），约1890年，提尔具（V.Tillge），哥本哈根皇家图书馆

维尔汉·哈马修伊是一位来自丹麦哥本哈根的画家，他擅长画肖像、风景、室内装饰与城市街道，最令人萦绕心头的主题还是他的室内景象。房间里稀疏的家具，空洞的气氛，白、泛灰、深棕色调，加上爱妻艾妲优雅却孤独的身影，此绘画的

哈马修伊与艾姮的合照，约 1897-1898 年

语言在这十九与二十世纪交接之际显得不太寻常。然而，艾姮如此出现在他的画里，对他的艺术生涯有什么样的影响呢？她又扮演怎样的角色呢？

夜光里的奶油

哈马修伊的父亲是一位生意人，从小生活在富裕的家庭，父母亲一发现他有艺术天分，就不断鼓励他朝绘画的方向发展。于是八岁时他开始跟恺郭尔与格伦沃尔习画，一八七九年进入丹麦皇家艺术学院，在佛门伦与其他知名艺术家们的门下受训，他的导师多半受到丹麦黄金时期的画风与思潮影响，包括艾基斯伯、汉森与可柏口。当然，他吸取了这些前辈的精华，更重要的是，在一八八三到一八八五年期间，在独立学院念书时，他不凡的才气与独立的特质被他的导师彼德·史分林·可洛宜注意到，他形容哈马修伊的画就像“在夜光里的奶油或猪油”与“在酒里的胎儿”。这样的赞词点出了他丰富的艺术养分，之后有一次，这位老师跟同事聊天时还提到：

> 我有一位学生，画得很古怪，我虽然无法了解他在做什么，但我相信他将来会成为一名重要的人物。记住！可千万别试着影响他。

其实，跟这名导师心有戚戚焉的还有一位，她是哈马修伊好友的妹妹艾妲，她一眼就看出他的才气。两人见面后不久便相恋，很快地，在一八九一年步入礼堂，婚后他们活像神仙似的，利用度蜜月的时间游遍欧洲各地的美术馆。其中，他感知荷兰黄金时期艺术家维米尔、伦勃朗、雷斯达尔与霍赫的伟大，对这些大师的作品特别感兴趣。

完美形象的女神

在欧洲旅行期间，他发现最让他有认同感的地方就是伦敦。他从小钟情于英国小说家狄更斯的故事，城市中布满浓浓的雾，成了他作画的因子，我们在他的作品里，可以感受到一种灰尘的飞舞与穷苦人物的朴质感。在伦敦，他也亲眼目睹到美国画家惠斯勒的画作，读到艺评家约翰·拉斯金对惠斯勒的《黑与金的夜曲：坠落的烟火》的严厉批评：

> 这位没受教育与自大的艺术家……存心要欺骗世人……在这之前，我就已经看到，也听到许多关于伦敦东区人的傲慢，但从没想到此刻竟听到一位纨绔子弟在公众面前，为一坛的漆要求两百基尼(英国的旧金币)。

哈马修伊深知艺术家被体制否认与刺伤的滋味，不但同情他的处境，更兴起一份仰慕之情。

一八九八年他再度来到伦敦，画下一幅双肖像，叫《两位人物》，他兴致勃勃地将它拿来参加国际画家与雕塑家协会所举办的第一次展览。惠斯勒当时是此组织的会长，哈马修伊期盼这幅画能被选上，他心想："若真能实现愿望，将有多荣幸啊！"说来，他是一位自尊心很强的人，但这次他抛开傲气，向他人献上自个儿的作品，此生头一遭如此谦恭，渴求偶像的青睐。但不巧的是，惠斯勒刚好有事在巴黎，无法亲眼检视此画，这也成了他人生中最挫败的经验之一。

《两位人物》描绘的是他与妻子坐下来面对面的样子，当时，他从伦敦写信给弟弟史范德，开心地谈道：

> 我即将完成一件作品，自从圣诞节过后来到伦敦，我就着手进行了，它勉强可以视为双肖像画，内容是艾妲与我，虽然我几乎完全背向观众。严格来说，这幅画不该当作真的肖像，但不管怎么样，我对它相当满意。

维尔汉·哈马修伊《两位人物》(*Two Figures*)，1898年，油彩，画布，71.5×86厘米，色斯昆斯特美术馆

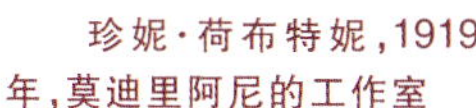

珍妮·荷布特妮，1919年，莫迪里阿尼的工作室

特因好几天没看到这对情侣，忧心忡忡之下，便前往探望，才知道莫迪里阿尼已奄奄一息，立即将他送进医院，然而却再也无法唤回他的生命。

陷入爱情的深渊

若将时间往前推到一九一七年的春天，莫迪里阿尼在蒙帕纳斯遇见珍妮，据说中间是由前苏联雕塑家欧洛夫牵起的红线。另外，那段时期，旅居巴黎的画家藤田嗣治对外宣称珍妮是他的女友，不过大多数的人均一致认为，莫迪里阿尼才是她唯一的情人。

一般人对男艺术家的看法，特别针对二十世纪生活在巴黎的这一群，总认为他们住在一个破烂的小房间，动不动就嗑药、酗酒，不断地换女人，同时也很疯狂地创作，像这种刻板印象，实在很难套用在每个艺术家身上；然而，运用在莫迪里阿尼过得如波希米亚般的放荡日子，却再适合不过了。不仅如此，他性情还相当暴烈，经常在咖啡馆或酒吧喝酒后，醉了就当场脱光衣服。说来，当时他的坏名声比他的作品还出名。不过，他也有一些迷人之处，不喝酒不闹事时，就像一位学识涵养很深、优雅的美男子。

珍妮来自一个有声望的天主教家庭，当她遇见莫迪里阿尼，便爱上他英俊的外表，亦欣赏他的才华，而他的行事风格，与玩女人的习性、野性，则是她过去从未经历的，从他身上，她找到了渴望的自由。

从少数仅存的照片、肖像画与熟识者的描述得知，珍妮个子不高，厚唇、蓝眼睛，栗色的长发，牛奶的肤色，是一位轮廓很深的美丽女子，因而有“椰子”的昵称。在一群艺术家朋友们的眼里，她长得虽很美，但只能看，一点趣味也没有。不过，莫迪里阿尼并不在意，在她的身上，他感受到浓厚的纯真、浪漫与神秘。

莫迪里阿尼《戴大帽的珍妮·荷布特妮》(*Jeanne Hébuterne with Large Hat*)的局部，1917年，油彩，画布，55×38厘米，私人收藏

莫迪里阿尼《珍妮·荷布特妮》(*Jeanne Hébuterne*)，1918年，油彩，画布，45.8×28厘米，耶鲁大学艺术馆

她擅长拉小提琴，也在科拉罗西学院与装饰艺术学院受训，梦想成为一名艺术家。不过，陷入爱情深渊的她却再也无法回头了，相识三个月后，她立即搬进莫迪里阿尼的公寓里，从此，两人生活总是如影随形。莫迪里阿尼在年龄上大她十四岁，根本连自己都养不起，身体虚弱到无法服兵役，又过着波希米亚的生活，再加上犹太血统（当时法国反犹太情节相当深），没有任何一个条件可让珍妮的父母心服，这对情人的结合伤透了二老的心，始终得不到他们的祝福。

对艺术家的希望

一位艺术经纪人兹柏罗斯奇很赏识莫迪里阿尼的才气，看到他已找到心爱的女人，心想他将来应能认真作画，更期待他未来过着稳定的生活，于是他乞求美术馆老板柏丝·威尔替这位艺术家办个展览。美术馆老板原先并不愿意，但看兹柏罗斯奇的面子，最后终于点头答应了，这点燃了艺术家对生命的希望，展期原定在一九一七年十二月三日到三十日，应圣诞节的来临之际，期望收藏家们出手大方，能慷慨地购买。在展览的画册封面上有一个站立的裸女，她的头弯向一边，两手放在乳沟上，两腿间添画了阴毛，谁是这名模特儿呢？她是珍妮，一位正和他热恋的女子。

作家布雷斯·桑卓斯为此展的画册编写一首诗序《在一幅莫迪里阿尼的肖像画》：

内在的世界

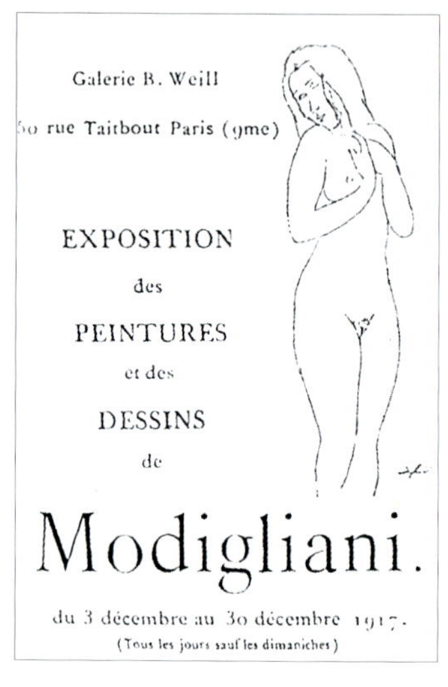

莫迪里阿尼1917年12月的画展，是他此生唯一的个展，这是他书册的封面，右边描绘的裸女就是珍妮

人心与
十七个心跳
都属于灵魂
还有热情的来来去去。

预展的前一天，当大家正忙着挂画时，兹柏罗斯奇突然想到一个点子，干脆把一幅很性感的裸女画挂在窗户上，借此吸引街上的人潮。但这作法太过醒目，最后虽然聚集了人山人海，却惹上了大麻烦，老板娘被警察叫去训了一番：

警察长：我命令你拿掉所有猥亵的东西。

威尔：但很幸运的，有一些艺术行家却不这么认为。

警察长（脸红彤彤）：但是那些裸女……她们有毛……毛……发。

警察长：假如你不听我的命令，不立即遵照我所说的，我将会派一群警察到你那里，把所有的东西拆掉。

原来全是阴毛惹的祸，艺术家认为创作要跨越界限，而警方却执意认为这些画都侵犯了道德，两方僵持之下，结果，展览在开幕当天就关闭了。道德始终扮演着维系社会的稳定力量，天才们却往往无法在这种僵固的范围内活得自在，人们常用“争议性”一词来指责他们。这带领人类往前走的一群，遭受到的苦难与折磨可想见一般，然而，历史一直在重蹈覆辙。看着莫迪里阿尼画中的裸女，我们何不脱离传统的思考呢？为何要将她们设定为妓女或妻子的角色呢？其实，艺术家想呈现的是平等的性欲关系，若看他一系列的裸女画，我们会发现颜色比真实的肤色还亮眼，身体以对角线方向，直挂或倒挂的方式摆放，性感的曲线，手臂慵懒地伸展到头部后面，也大胆地将阴毛或自慰的抚摸描绘出来，在在都是肉欲的展现。她们躺在床上，性欲崩裂的身子似乎等你随时去触碰，因此她们“主动”的召唤，正等待爱人的回应，在这里，女人被尊重地对待，不再是一个被动体。

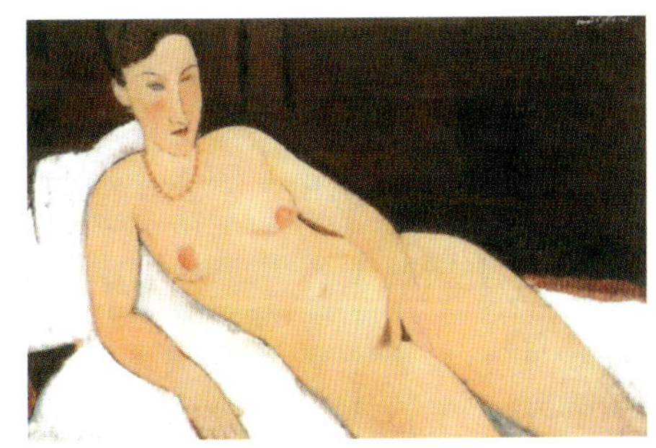

莫迪里阿尼《戴上珊瑚项链的裸女》(*Nude with Coral Necklace*)，1917年，油彩，画布，66.5×101.1厘米，俄亥俄州欧柏林学院亚伦纪念美术馆

莫迪里阿尼《蓝枕上的裸女》(*Nude on a Blue Cushion*),1917年,油彩,画布,66.5×100.9厘米,华盛顿国立美术馆

因莫迪里阿尼自由与热情的灵魂,不论走到哪,争议就跟到哪,他唯一的个人展遭关闭,失败的命运往后不断跟随他。珍妮了解他在世俗所承受的一切,她对此沉默,表面看来乖顺,但心里却倔强得很。她相信他是世上最棒的艺术家,从未有一丁点怀疑,始终深爱着他,对她而言,他简直如神一般。

暂居南方

虽然之前的风波带动不少人对他作品感兴趣,甚至造成一股购买潮,但又因战争的缘故,瓦斯、电、木炭、牛奶、蛋、奶油、肉、蔬菜等民生用品缺乏,生活费高涨吓人,赚到的钱根本不够花用。另外,巴黎也被德军持续轰炸,实在很难再待下去,当时,兹柏罗斯奇顾及莫迪里阿尼与珍妮的安危,决定带他们一起逃难,到法国南方定居。这一群同行的人也包括珍妮的母亲,看女儿怀有身孕,担心莫迪里阿尼没能力照顾她,这一趟长途的旅行对珍妮而言太过吃力,于是决定跟他们一块儿走。

兹柏罗斯奇在尼斯帮他们找到一间公寓,但莫迪里阿尼发现房子太封闭，当地光线过于强烈，扰乱他作画的情绪，得花上很久的一段时间寻找“阴暗”，这一点跟许多艺术家们的习性很不同。当别人在找“光线”，他却想躲入“阴影”之中，所以此时画作中的珍妮很灰暗。除此之外，他也遇到了两个严重的问题。

一是他与珍妮的母亲处得不和谐，这迫使他常上酒馆，每每都得喝得烂醉才回家，丈母娘借机狠狠地辱骂他，诅咒他的艺术。在此时，他遇到理念投合的艺术家，名叫雷欧普·叙尔瓦奇，他好心让出多余的房间给他作画；那段日子，他每天很早起床，走到工作室里辛勤地作画，一直持续到中午，然后畅饮。

虽然画过珍妮很多次，但她依旧是他最心怡的缪斯，然而却因不想面对丈母娘的责骂，只好另外再寻找模特儿，这是他面对的另一大难题。据叙尔瓦奇的说法，莫迪里阿尼经常焦虑不堪，当他好不容易找到合适的人，却又害怕对方之后反悔，一直活在这样恐惧的情境里。友人看他如此郁闷，劝他不妨作风景画试试看，但他却回答：“老实说，风景画一点表情也没有，我需要人体在我面前，否则画不出来！”

爱人的专属

就像毕加索一样，莫迪里阿尼也很有女人缘，不少女子渴望与他亲近，想保护他，她们想到他身体越来越虚弱，又眼睁睁地看着珍妮封闭自己，守在莫迪里阿尼身边，却无能力来照顾他，此情此景简直让她们心都碎了。其中一位叫索拉的女孩，对

珍妮·荷布特妮的照片，约 1919 年，珍妮那双锐利的眼睛，像似发出警告的讯息：休想，莫迪里阿尼是属于我的

这位艺术家爱慕不已，提到珍妮时，她说：

> 一个很年轻的法国女孩，他称她为妻子，她的身子很娇小，一直瞪着我，她的眼神流露出了恐惧，总用怀疑的态度对待我。

珍妮的嫉妒心很强，若感知到任何女孩想接近莫迪里阿尼，她就会用锐利的眼神瞪着你，像似发出警告的信息：休想，他是属于我的。

珍妮没有书写日记的习惯，但她与好友拉贝经常通信抒发情绪。很幸运地，这些信件在十七年前被作家查卜林发现，写下珍妮一生的沧桑史——《黑暗中的笑容》。当我细读珍妮的信，深深感受到她那份淡淡的幽默，她抛弃富裕的生活及指日可待的前途与未来，为了就只是想跟这位艺术家相依偎。在她最困苦之际，曾写下：“我躺在一张跟他同睡的床上，这肮脏的床垫随时都有被拿走的可能，我很孤单，几乎没有什么理由活下去，然而，我不遗憾自己所做的选择。”这段告白流露出她忍受的煎熬，但依然守在她爱的男人身边，这需要多大的勇气啊！从她的信里，也发现莫迪里阿尼曾经承诺要娶她，却迟迟没有实现。

他们结过婚吗？在公共场合，他称她为妻子，然而在法律上呢？原来，莫迪里阿尼很厌恶公家机关，对市政府的建筑物能逃就逃，甚至在女儿出生时，他也没去注册。面对一个深爱他的女子，他当然想给她安全感，只是一想到“权威”二字，他立即退缩，这就是为什么他一直还没娶她的原因了！不过，在去世前六个月，他写了一张保证书：

莫迪里阿尼画珍妮的图像，1919年，右上端写上：献给我忠贞的珍妮

我于今天，一九一九年七月七日，许诺当文件到达后，将娶珍妮·荷布特妮为妻。

签名栏

阿米地奥·莫迪里阿尼

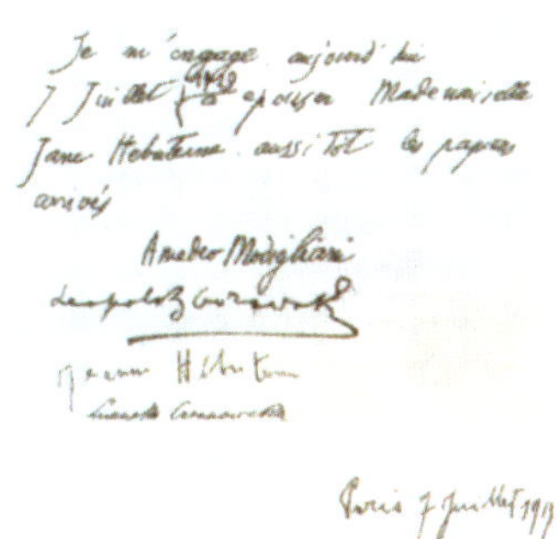

Je m'engage aujourd'hui
7 Juillet 1919 à épouser Mademoiselle
Jane Hebuterne aussitôt les papiers
arrivés

Amedeo Modigliani
Leopold Zborowski

Paris 7 Juillet 1919

莫迪里阿尼的婚姻宣示

莫迪里阿尼《珍妮·荷布特妮》(*Jeanne Hébuterne*),1918年,油彩,画布,100×65厘米,加州诺顿·赛门基金会

莫迪里阿尼《珍妮·荷布特妮:侧面的头》(*Jeanne Hébuterne: Head in Profile*),1918年,油彩,画布,46×29厘米,私人收藏

莫迪里阿尼《珍妮·荷布特妮》(*Jeanne Hébuterne*),1918年,油彩,画布,100×65厘米,苏黎世私人收藏

莫迪里阿尼《珍妮·荷布特妮,背景有一扇门》(*Jeanne Hébuterne, a Door in the Background*)的局部,1919年,油彩,画布,130×81厘米,私人收藏

莫迪里阿尼《珍妮·荷布特妮》(*Jeanne Hébuterne*),1918年,油彩,画布,100×65厘米,纽约所罗门古根汉博物馆

莫迪里阿尼《珍妮·荷布特妮》(*Jeanne Hébuterne*),1919年,油彩,画布,91.4×73厘米,纽约大都会美术馆

雷欧普·叙尔瓦奇

珍妮·荷布特妮

路妮亚·捷克库斯卡

有四位见证人在场，虽然没有后续的动作，也算举行了一场他们此生最正式的婚礼。

画作就是情书

在他心里，结婚证书不算爱情的保证，全部的爱都呈现在画笔与画布之间，在莫迪里阿尼为珍妮作的肖像画里，她静静地、顺从地坐在那儿，无论哪一种姿势，头左倾、右倾，或挺直，不管哪一款的发型，怎样的衣饰，手如何摆，样样都千娇百媚。莫迪里阿尼一件件为她描绘的身影，有奇异果的绿、芒果的黄、蓝莓的深蓝、桃子的嫩粉、樱桃般的红，均显得温暖万分、热情十足，似乎像各色拼凑的水果盘，具有强烈的视觉“色”感。另外，她显示了一种感动，虽然带点脾气，有些固执，但又因为她被亲密地对待，在性感的流露之余，同时也散发神性与理想的美。

二十世纪初是艺术家极力撕破传统的年代，毕加索与格瑞斯将传统的艺术解体，甚至破坏到体无完肤的地步，但莫迪里阿尼为文艺复兴艺术勾勒出简单的线条与形式，看到珍妮的头往左倾斜，我们立即意会到波提切利的维纳斯诞生之娇媚姿态；看到她经常只被画到半身或到肩膀，握住的双手，椅子的象征等细节，我们察觉到了提香与安格尔的影子。同时在画里，她

波提切利《维纳斯的诞生》(*The Birth of Venus*),蛋彩,画布,172.5×278.5 厘米,佛罗伦萨乌菲兹美术馆

杏仁状的眼睛,没有眼球,赋予一种既空洞又深沉的双层涵义,让看画的人猜不透她在想什么;有人说,达·芬奇的蒙娜丽莎拥有最神秘的眼神,对我来说,珍妮的脸似乎戴上一副面具,有着世上最诡异的神情。另外,其他的特色还包括身体的倾斜,慵懒的姿态,整个身躯垂直拉长,像长鼻、长脸等,最夸张的就是伸长的脖子,这是向埃尔·格列柯借过来的技巧,结合背景的垂直线条,给人一致性的感觉。这些都是他自一九〇六年从事雕像创作之后,发展出来的独特风格,说真的,结果让珍妮看来犹如雕像般永恒。

莫迪里阿尼画了不少朋友的肖像,包括像毕加索、格瑞斯、寇科图和瑞瓦拉等知名画家,然而出现最频繁的就是珍妮。他们共处不到三年,就为她留下二十五幅以上的肖像画,数目可谓惊人,对他而言,文字的表达绝对不如绘画来得真切,这些作品等同于他最深沉的“视觉情书”了。

最神秘、最深沉的部分

针对作画的风格，莫迪里阿尼曾说：“我想寻找的并非真实，也非虚幻，而是潜意识里的东西，这正是人类直觉中最神秘、最深沉的部分。”此段话反映他受到弗洛伊德的影响，不过，他所说的倒跟比利时作家爱伦斯的体会很类似，他说：

> 莫迪里阿尼的穿透力、判断力及笔法学精湛无比，他真是一名地地道道的魔术师。

爱伦斯原先不喜欢莫迪里阿尼为他作的肖像，然而多年后竟发现，肖像画跟他最小的儿子长得一模一样，才明白作品的魔力与品质，对他能精准地“预测未来”感到不可思议，因此他最后下了一个结论：“他可以察觉到人内心最神秘的部分。”

一九一九年，他为珍妮作的最后几张肖像，作画的地点位于这对情人最后住的公寓顶楼。其中一张，她的脖子与脸直直的，不同以往的作风，没有过去的娇媚，眼睛也不再空洞，是一

莫迪里阿尼最后的工作室，位在No.8 Rue de la Grande Chaumière的楼顶

莫迪里阿尼《珍妮·荷布特妮》(*Jeanne Hébuterne*)，1919年，油彩，画布，55×38厘米，瑞士艺术与香水公司

莫迪里阿尼与珍妮唯一的小孩，名叫珍妮·莫迪里阿尼(Jeanne Modigliani, 1918–1984)

个懂得认清时事的模样，这些特征一点也不像爱做梦的珍妮，倒是长得跟成年后的女儿一样；当莫迪里阿尼病逝时，女儿才十四个月大，大部分时间都待在保姆那儿，他们很少碰面。尽管如此，从他心爱的女人身上，他仿佛已经看到女儿的未来。

临终的遗言

莫迪里阿尼去世后，留下孤苦无依的珍妮与女儿，没多久，另一场悲剧又紧接上演。在葬礼的前一天，珍妮从她父母家五层楼高往下跳，她与肚里未出生的婴儿双双身亡，当时，她才二十二岁。

珍妮被不少人形容成软弱，像一只小绵羊似的，在莫迪里阿尼生命垂危之际，没主动求助医生，仅静静等待死神降临，最后还抛下一岁多的女儿，不顾一切地跳楼自杀，听起来，她多么没有责任感啊！到底真相是怎么一回事呢？

当拉瑞特进入房里，看到躺卧在地的莫迪里阿尼，他半昏迷地说：

> 我此刻仅剩下一点点气息，我知道这是结束……我已亲吻了我的妻子，我们同意未来将过着永恒的幸福生活。

在他过世后，欧洛夫遇见珍妮，想好好安慰她时，发现：

> 她非常沉着，就像一尊雕像似的，镇静得吓坏了我。

原来，莫迪里阿尼临终时跟珍妮说：

> 跟随我一起到坟墓，在天堂里，我可以有我最爱的模特儿，让我们一起享受永恒的幸福吧！

莫迪里阿尼生前最后拍的一张照片

倾听爱人最后的遗言，她意识到死亡换来的解脱，心里早有盘算，准备跟他一起高飞，飞到天堂，永远快乐地相守在一块儿！

飞舞着双翼的蝴蝶

对我来说，他们很像一对美丽的蝴蝶，紧靠在一块儿，展开双翼飞舞着，从此不再孤独。

近年来，西方不少人用女性主义的角度来分析他们的关系，谈论珍妮愿舍弃一切跟随这位艺术家，然而莫迪里阿尼却未曾鼓励她好好创作，争吵的时候，甚至还辱骂她不过是一个普通的女孩，她被这位艺术家糟蹋了吗？因有莫迪里阿尼，她美丽的容貌，温厚的性格，爱情的执著与曲折的故事，才被人记忆，才永远地被歌颂；没有莫迪里阿尼，她会像千千万万的人一样，仅被遗忘而已，更何况在爱情里，没有所谓的对错，只有心甘情愿，不论在生命或艺术里，他们为酷寒的人间添上一个最美丽、最浪漫、最感人的爱情故事。

“好色之徒”路易斯是文学与艺术界的才子，交往过的女人无数，不乏富婆与才女的倒追，但仅有一位女孩可将他那无可救药的大男人心态软化，她来自很平凡的农工家庭，名叫芙萝安娜，是她的温柔、体贴与谅解感动了他。

他对她的深情可从作品里探知，无论小说、油画与绘图，都在向世人宣告他一生的眷恋。

戒指、火红、围巾与白日梦的遐想

温德姆·路易斯的芙萝安娜

漩涡艺术运动的创始人温德姆·路易斯，被公认是英国现代艺术与文学界最具争议性的人物之一，往往与人为敌。他处的年代，欧洲正经历两次世界大战，也面临帝国主义与皇室贵族的陨落，就在整个社会处于动荡不安之际，不少年轻人与知识分子加入，急切地想为困境寻找出路，路易斯就是其中一位关键人物，他与当时文艺界人士们为友，但又因他独立的作风与自由的灵魂经常得罪人，也不断惹祸上身。尽管如此，他的五十本书、三百六十篇文章、一百张油画与一千张绘图，不仅多

芙萝安娜。1919 年，她躺在布莱敦(Brighton)沙滩的照片

产，创造力更是惊人，毫无疑问，他拥有艾略特所说的“我们时代最迷人的性格”。

路易斯一生交往过不少的女人，但最深爱的还是自己的妻子葛莱丝·安·郝斯金司，人们给她“芙萝安娜”的别称。

异于公共场合的典型

芙萝安娜出生在伦敦的西南方小镇上，来自于农工家庭，曾在一所艺术学校念书。大战爆发时，她不得不到厂里当女工，她有一位同事正在画家那儿当模特儿，邀请芙萝安娜一同参加文艺圈的派对，就在那儿，她遇见路易斯。当时他穿着一身军服，模样看来英勇俊俏，他们碰到的第一眼，她便爱上了她。

他们相遇在一九一八年，当时路易斯的爱情生活很复杂，不仅与作家爱芮丝·贝瑞同居，生下两个小孩，身边又有两位情妇，分别是作家南西·康那与钢琴家安格妮丝·贝德佛特，还同时跟不少上流社会女子与文艺界的才女调情。当时芙萝安娜才十八岁，面对这情场的多角关系，她依然心甘愿意地跟他在一起。

路易斯与芙萝安娜的合照。1939 年 9 月，他们一同在开往加拿大的“英国皇后”(Empress of Britain)号船上

外形上，她长得很美，有象牙白的肌肤，古典的轮廓，宽阔的眉形，灰蓝色的眼睛，一头草莓金色的短发；在性格上，她很乖顺，能煮饭，做家事，吃苦耐劳，又活泼聪明；唯一遗憾的是，她无法与路易斯平等地一块谈书、谈画、谈文学，她的典型完全不同于他在社交场合中认识的女孩。一九二一年，他与贝瑞的关系破裂，自己另外租一间公寓，芙萝安娜就在此时搬入一同居住，从那之后，她成为他艺术上最主要的缪斯。

心目中的好色之徒

虽然路易斯大她十八岁，她却执意认为年龄的差距根本不是问题，或许因为她排行老幺，已习惯跟年长的人相处，再加上他的学识、才气、幽默与经验，都让她景仰不已，简直视他如神一般。当路易斯被人批评不易与人相处，喜爱与人为敌时，她却反驳说：

> 他胸中充满话题，跟他说话，你会发现内容非常精彩，

他爱谈各种类型的人,甚至他伦敦的杂役女佣,或在加拿大旅馆的苏格兰女仆与女经理。他对世上的每件人事物都抱有高度的兴趣,有强烈的好奇心,也喜欢在火车上跟人交谈,他很擅长交际,无论走到哪里,都处处与人为友。

即使路易斯的外遇不断,她从不妒忌,也不生气;相反的,她感到很骄傲,认为丈夫的魅力过人,才能让这么多富婆与才女倒追他,即使外面的诱惑之大,他总会回到她身边,丝毫没有离开她的意念。她很明白,像他这样的才子,无度的性欲与天马行空的幻想是不该被制约的,否则他会失去创作的灵感,她深深了解,唯独给他完全的自由,才能真正拥有他。

对外,路易斯有意隐瞒已婚的事实,给自己很大的空间,却不准妻子跟其他的男人见面。若男人多看她几眼,他的醋坛子立即发酵,她偶尔抱怨不公平,偶尔有争吵,然而因他的口才比她好,争论到最后,她只有投降的份儿。这样的发泄一点也不伤害两人的关系,反而是正面的、健康的。与他们熟识的朋友均一致认为,他们爱情之深,是旁人难以想象的,就在女性主义者抨击路易斯有厌恶女人的倾向,芙萝安娜却幽默地说:

他厌恶女人吗?你们真是顽皮的家伙啊!像他这样的"好色之徒",怎么可能会厌恶女人呢?

深情与奉献的感动

路易斯曾经写给她的所有情书,不知为何,被人有意撕毁,迫使他许多内心的话语与浪漫的情感，无法让后代的人捉摸，实在遗憾。不过，他也透过小说抒发对妻子的心意，借由一些蛛丝马迹，或许可辨识一二，像在一九三七与一九五四年出版的《为爱复仇》与《自我谴责》，书中的女主角影射的就是芙萝安娜。他阐述她内心的焦虑，渴望嫁给他的心愿，但又怕受伤的情绪：

> 玛歌戴上维克特的戒指，但每个人都知道这戒指并不代表什么，严格来说，她不像他的妻子，因为她并不完全拥有他，她更不愿意逼他到注册处办理法定手续。其实，她了解他有一个说不出口的偏见。

温德姆·路易斯《芙萝安娜》(*Froanna*)的局部，1936年，铅笔，水彩，纸，34.8×25.2厘米，私人收藏

温德姆·路易斯《黄发的女人》(*Woman with Yellow Hair*)，1936年，铅笔，水彩，纸，37.7×26.6厘米，私人收藏

温德姆·路易斯《艺术家的妻子》(*The Artist's Wife*)，1938年，铅笔，墨汁，水彩，纸，35.5×25.2厘米，温德姆·路易斯纪念信托机构——法克斯家族收藏

什么是“说不出口的偏见”呢？或许在童年时，路易斯父母的感情破裂，导致后来的离异，因这段痛苦的经历，他经常怀疑婚姻的价值；然而，就在他与芙萝安娜相处十二年后，她的深情与奉献终于说服了他。于是在一九三〇年秋天，他带她到德国作一趟旅行，两人一同前往注册处办理结婚手续，从此成为结发夫妻。

她时常在他的画里出现，譬如像《芙萝安娜》、《黄发的女子》与《艺术家的妻子》，她的形象并非一成不变，有时是单纯、迷人的小女孩，有时是坚强、觉顶聪明的女子，有时是美丽、尊贵的女神，不论哪一种，我们都能感受到画家对她的疼惜、敬重与爱慕。在这三幅笔画素描中，她无名指上都有两道画痕，特别强调她左手戴的结婚戒指，戒指虽然画得纤细，但处在最明显的位置上，表达他们之间爱情的承诺是认真的。

在《为爱复仇》中，路易斯描述她犹如：

> 一只沉思的小海鸟的头，优美地航行在风眼中，顺滑地越过海浪的凹凸表面——在长长缠结的捆束里，她使用光滑羽化的翅膀，如此美丽！

面对生活上的困境，她总展现那一身最优雅与灵敏的姿态，足以让人赞叹。除此之外，他对她的爱慕也可在一九三七年画的《红肖像》与《芙萝安娜：艺术家的妻子》中探知。前者图画中，她在客厅炉火的前面，左侧一旁架子上填满书册，还有高高的灯罩，她坐的椅子即是艺术家每晚夜读的位置；后面这张，她坐在茶具旁，身穿路易斯的大衣袍，也特意展示她无名指上

温德姆·路易斯《芙萝安娜：艺术家的妻子》(*Froanna Portrait of the Artist´s Wife*) 的局部，1937 年，油彩，画布，76×63.5 厘米，格拉斯哥艺廊与博物馆

温德姆·路易斯《红肖像》(*Red Portrait*),1937 年,油彩,画布,91.5×61 厘米,温德姆·路易斯纪念信托机构——蓝恩夫妇收藏

的结婚戒,两夫妇的世界纯然地融合在一块,色彩如此红烈,就像火烧的热情一般。

浓厚的异国风

隔年,他替芙萝安娜画下两幅作品。不同于以往,它们有浓浓的异国风味,一幅叫《墨西哥的围巾》,古铜色的肌肤,热带的水果,亮丽图案的布巾,猛然一看,仿佛走入高更的大溪地天堂;然而若细心观察,高更的女人躺卧姿态很暴露,过度粗野,路易斯则不然。他的妻子背向我们,她往前倾的头部,闭上的眼睛,两手交握于胸前,全身就像婴儿在母亲子宫里的睡姿,很优雅、很安稳,也很享受,他们的深情款款在此流露出来。

另一幅则是《努比亚人的白日梦》,在这里,芙萝安娜摇身一变，成了一条慵懒的水蛇，渴望亲近一旁流下来蓝蓝的水，南埃及的努比亚有古文明的尼罗河流过，想必就是较肥沃的蓝尼罗河吧！此处说明她赐予画家丰沛的版图，滋养他的艺术，是他源远流长的活水，没有她，他将会枯竭至死。

打着灯笼找不到的情人

二十世纪三十年代，他逐渐失去视力，无法继续作画，只能用录音机来写作。在一篇《冬天的海雾》里，他说：

> 我被推到一个没有亮光的房间，门砰的一声，永远被锁在里面，然后，我必须在内心点燃一盏有千劲强度瓦特的亮光，对抗夜晚的来临。

尽管有此残酷的侵袭，但仍因有芙萝安娜的爱情，使他再

温德姆·路易斯《墨西哥的围巾》(*Mexican Shawl*)，1938 年，油彩，画布，63.5×76 厘米，英国布里斯托城市博物馆与美术馆

温德姆·路易斯《努比亚人的白日梦》(*Daydream of Nubian*),1938 年,油彩,画布,76×101 厘米,私人收藏

次经历一场惊人的创作高峰,也陪他度过最美的余生。

当他一度生命垂危,以为自己将死时,心里最放心不下的人就是芙萝安娜,于是写信给好友尼可拉斯·瓦特郝思,乞求他:“照顾我最深爱的妻子。”另外,也同时寄了一封给他好友的妻子,描述他多爱芙萝安娜,多想保护她,最后下了一句结语:“她的完美,是打着灯笼都找不到的妻子啊!”

在生活中,芙萝安娜不仅扮演画家的女佣、好友、读者、模特儿、爱人与妻子多种角色,在深沉的角落里,她更是他胸中唯一的热情。

美丽的琪琪是前卫摄影家曼·雷在一九二一到一九二八年间的亲密爱人,她来自何处,将走向何方,全是一团谜。但她的真性情,及对艺术家的爱恋,让雷从她身上看到古典的情思,找到创作的源泉。

虽然她的长相与身材并不符合当时的潮流,但她大胆的摆姿,丰腴与挑逗的神情,狂野与煽情的表现,就在雷的玩弄之下,发挥到极致。他们两人的搭配,为照相艺术留下许多经典的影像。

人间不灭的形象

曼·雷的琪琪

二十世纪最知名的前卫摄影家之一曼·雷,来自于美国,一生最精彩的时光大都在巴黎度过,他的作品包括绘画、照片与电影,里面来来往往不少的男女与知名人士,但让人在脑海里激荡最久的,还是一位经常出现在二十世纪二十年代的女子,她是谁呢?爱丽丝·安尼斯坦·普琳。

爱丽丝·安尼斯坦·普琳的名字或许听来陌生,但讲到“蒙帕拿斯的琪琪”或“蒙帕拿斯的女王”,对许多人来说,可能熟悉多了吧!“琪琪”是名画家柴姆·苏丁为她取的艺名,她的出

无名氏《琪琪的肖像》(*Portrait of Kiki*)的局部,1925年,她两手握有一张大型的欧洲地图

现为蒙帕拿斯区造成巨响,其不仅是苏丁、德朗、巴辛、藤田嗣治、埃明内·大卫、卡比亚、谷克多、佩尔·克罗格、奇斯林、亚历山大·考尔德等艺术家们的模特儿,更是曼·雷在一九二一到一九二八年间的缪斯与亲密爱人。

出生于法国勃艮第乡下的琪琪,一谈到身世,她从不讳言地说出自己是在街上出生的,搞不清父亲是谁,从小由外婆带大,日子过得很清苦。十二岁那年搬到巴黎跟母亲同住,在印刷书店与面包店里工作挣钱, 十四岁在雕塑家那儿当裸体模特儿,母亲得知后,用很难听的字眼儿辱骂她,没办法,她只好换工作,在咖啡馆当清洁工,晚上睡在附近的仓库。那段期间,她认识不少艺术家,他们常请她吃饭,喝红酒。虽然她的相貌并不符合当时的潮流,但她一点也不介意,大胆地在他们面前摆姿,她丰腴的身材与挑逗的神情,经由艺术的巧手,将她的狂野与煽情发挥到极致。

模特儿的序曲

一九二一年，当曼·雷刚抵达巴黎时，人生地不熟，法文又不通，但很快地他碰到琪琪，这两个孤独的灵魂相遇，从此为前卫艺术投下惊人的炸弹。曼·雷在他的回忆录《自我肖像》中，提到他们刚熟识的对话：

> 我向她解释我是一位画家，作品并非从模特儿身上直接撷取……接着又继续解释我的方法跟其他人不同，我想拍她，这照片将是一刹那的留影，然后我会仔细研究一番，再添加我想要的东西。她听了之后回绝我，并说她不想当摄影家的模特儿，认为这些人比画家更糟糕，她最近帮一位摄影家摆姿，抱怨他的动作比相机速度还快。然而她生性喜爱诗的浪漫与感性……不愿意自己的照片被散布到

曼·雷与琪琪的合照。1928 年，他们待在南法时拍下的

> 各处，我坚持她得裸体摆姿，最后这些画作将在展览场中呈列出来，有时会直接用她的名字当标题，但是她回答："画家总能修改影像的外表，照片则太真实了！"我想办法说服她，说我的方式不同，我拍摄时就等于在画画，随时可以改变主题，能弹性地制造缺点或将人物理想化，就犹如画家创作一样。

这段对话强调曼·雷用"作画"原理来拍照，同时也反映艺术家与模特儿之间在理念上的冲突，从谈话的一来一往，我们探知到他们怎么拒绝与说服，怎么坚持与妥协，又如何在美学与道德的困境中找到平衡。

当时，她的朋友玛丽·瓦西利夫在一旁怂恿说："在艺术的创作上，曼·雷活像魔术师一样。"这一鼓吹，琪琪终于答应做他的模特儿。虽说曼·雷被人公认是二十世纪最前卫的摄影师之一，但与其说他是拍照的，还不如形容他是画家更来得恰当。关于这点，他解释：

> 我的经历与光学实验，产生我要的效果，事实上，在纯摄影中，我将绘画与摄影混淆在一块，也常被那些吹毛求疵的人谴责，我想回复他们："对啊！我就是画家。"一样影响另一样的情形，再正常也不过了，假如我从事摄影之前从未作过一系列的油漆喷雾画，那么我此刻怎么能从错误中学习经验，拍出好的照片呢？说来，在真正的达达精神里，我完全处于混沌的状态。

达达主义完全否认传统，并将之拆解到体无完肤的地步，但曼·雷却容许“承袭”的概念。说来，他没有杜尚等那一帮人那么激进。

阴毛的作祟

认识没多久，琪琪就搬进曼·雷的公寓与他同住，在裸体摆姿之前，她先跟他坦陈自己身上有一些缺陷，像吊他胃口似的，曼·雷也描述到这段经历：

> 我看着她，从她完美的椭圆形脸，加上宽大的眼睛，到她的长颈，还有坚挺的胸部，细腰，小屁股，她短裙之下有形的双腿，怎么样也看不到任何缺点，也想象不到有什么需要开刀，或是得需巧思的艺术家改善的地方。

曼·雷《琪琪》(*Kiki*)，1922年。这张是曼·雷认识琪琪没多久后拍的，拍摄地点在他住的旅馆房间

当她脱掉衣服后，曼·雷从头观察到脚，不论前身或后背都完美无瑕，甚至认为她的裸体能感动每一位学院派的画家。最后，琪琪才害羞地说自己没有阴毛，他回说此无大碍。处在二十一世纪的我们，面对最新的潮流，不少当代女子渴望回归童年的纯真，喜欢刮去阴毛来表现身体的年轻，说来琪琪的"无毛"现象在今天竟蔚为风尚呢！

曼·雷一九二二年为她拍下第一张裸照《琪琪》，在这张照片中，从她身后的安排，可以立即辨识他将一个白板架在一块黑布幕前，当作背景。女主角坐在前端的台面，从这儿，我们可以看到她长的阴毛与发福的身体，根据曼·雷的说法：

> 我们每天三餐吃得很丰盛，这是她过去未有的经历，之前仅靠茶与面包，现在，她渐渐增肥，但她一点也不担

吉奥乔尼《裸睡的维纳斯》(*Sleeping Venus*)或《德累斯顿的维纳斯》(*Dresden Venus*)，约1510年，油彩，画布，108.5×175厘米，德累斯顿古典巨匠绘画陈列馆

心，发现自己开始长阴毛，开心得不得了。

若说到正面坐姿的裸女，吉奥乔尼一五一〇年的《裸睡的维纳斯》与哥雅的一八〇〇年《裸女玛雅》可算数一数二的经典之作了！在前一张，维纳斯闭起眼睛，躺在草坪上，她右手放在后脑，左手抚摸着阴部，仿佛在自我陶醉，下方铺着舒坦的睡枕与丝质的大块布料。类似的下一幅作品，玛雅躺卧在一个坐椅上，有四个高低层次的白色蕾丝枕头与布垫，非常柔软的让她能够好好地躺卧，因此她的身子可轻松地舒展开来。然而，曼·雷的《琪琪》却全然不同，台面不但很小，也不够舒适，她右手撑住边缘，左手与身体展现那诱人的妩媚，但不稳定的姿态，给人一种摇晃的感觉，生怕随时有坍塌的危机。摄影家有意打破传统美女的慵懒与过度保护的形象，在他眼里，女体情色应借由焦躁、难受及不安流露出来，若伴随一些歇斯底里的征兆，会更逗人遐思，此种情色的探讨很符合超现实的作风，越神经质的女人越有魅力。

画盘的实验

曼·雷很热衷绘画，他在一九二三年为琪琪画的几张肖像，呈现她短短的直发、刘海儿、宽大的媚眼与樱桃小嘴，这些所有的轮廓是艺术家玩弄她脸之前的干净模样。一位住在巴黎的美国小说家凯·博伊尔曾遇见过曼·雷，她说：

曼·雷为琪琪设计脸蛋……他用手画她的脸，削去眉

哥雅《裸女玛雅》(*The Nude Maja*),1800年,
油彩,画布,97×190厘米,马德里普拉多美术馆

> 毛,再以其他颜色加画上去,选色完全依赖当天扮演的角色……她浓厚的睫毛有时候被彩成铜色、皇家蓝、银色或玉色。

她的脸变成曼·雷的画盘,任他在上面拼色与玩弄一番。一九二六年,他主导一部电影《豆瓣》,扮演主角的琪琪,眼皮披上色彩,她闭眼时,那部分显得十分炫耀,当眼皮合上时,真眼就活灵活现地张开来,片断式的转换与连接的形态充分展示意识流的手法,及超现实的奇幻。

古典的影响

在曼·雷的数百张照片中,好几张深受安格尔的影响,像一九二四年拍的《琪琪》与《安格尔的嗜好》。在前面那幅,曼·雷写下当时拍照前的情景:

安格尔《泉》(*The Source*)，1856 年，油彩，画布，163×80 厘米，巴黎奥塞美术馆

安格尔《浴女》(*The Bather of ValpinÇon*)，1808 年，油彩，画布，146×97.5 厘米，巴黎罗浮宫

琪琪在帘幕后脱下衣服，帘布遮蔽了角落的脸盆，她迎面走来，谦卑地将她的手握在前端，这完全就跟安格尔画的《泉》一模一样。

曼·雷《琪琪》(*Kiki*)，1924 年，私人收藏

在安格尔的《泉》，生命与文明之初都得依靠水，裸身的女子两手扛着水缸，让丰盈的水奔流出来，此裸女变成艺术家的灵感泉源；在琪琪身上，曼·雷看到学院派画家心中的缪斯，虽然他一直尝试击倒传统的创作方式，但越想破坏的部分，却越难丢弃。

《安格尔的嗜好》则是一

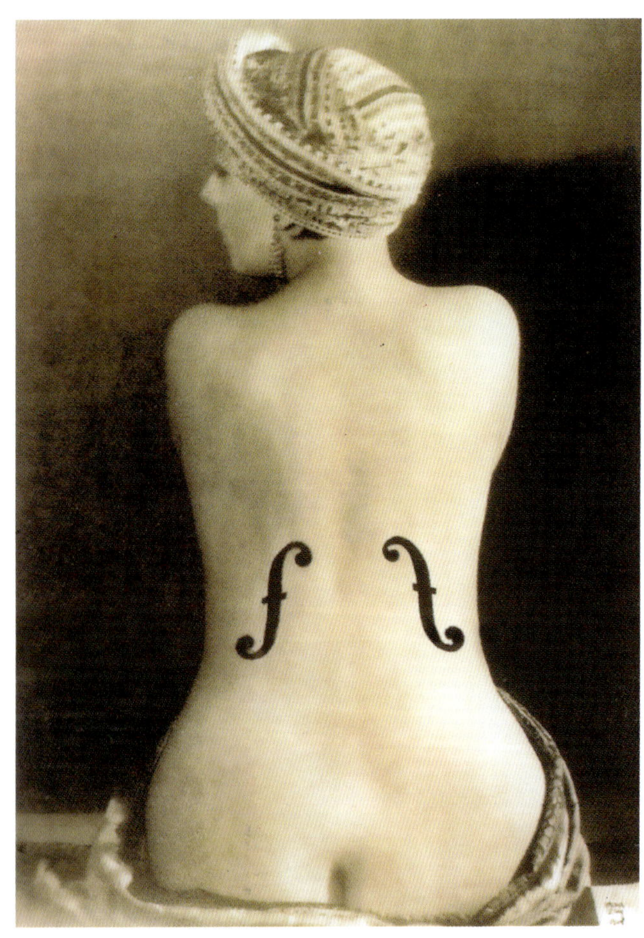

曼·雷《安格尔的嗜好》(*Violon D´Ingres*),1924年,加州盖帝博物馆

曼·雷《黑与白》(*Noire Et Blanche*)，1926 年此张有时也被称为《构成》(Composition)，纽约私人收藏

曼·雷《琪琪》(*Kiki*)，1926 年

曼·雷的第一部电影《回归理性》(*The Return to Reason*)，里面有一幕是琪琪身上出现了窗帘网状的阴影。

件他最常被讨论与分析的作品，若将它拿来跟安格尔一八〇八年的《浴女》作比较，琪琪的姿态很像这位不情愿面对观众的裸身女子，她们都同样裹着头巾，展露性感的裸背；但有其他不一样的特征，譬如琪琪的手已不见踪影，臀与背之间印上一对“f”，她的身体被艺术家转换成一把提琴，隐喻男性创作的缪斯，这形象引起不少当代评论家的喧嚣，特别是倡导女性主义的分贝最高。然而我观察得越久，越发现她强烈的自主性，或许她顺从曼·雷的指示摆姿，但在拍摄的一刹那，她散发了一种独特的精神，绝不是被动的，纯粹是属于琪琪自己的。

营造与对比

曼·雷的第一部电影《回归理性》，在其中一幕，琪琪的身上出现窗帘网状的阴影，他特意把焦点放在她的躯体上，将几个部位去掉，像她的头、手与脚，它们分别掌管思想、创作与自由，这显然忽略了女性的主体，纯粹是男性对女体幻想的呈现手法；不过另一方面，光线透过窗帘的网射进来，映在她的身上犹如豹纹，暗示动物般的狂烈性欲，也说明在性爱中扮演的主导角色。因此，被幻想的客体，又有独占权的主体，此两种观念都在琪琪的身体上发生了。

另外，在一九二六年的两张照片《黑与白》与《琪琪》，她的刘海儿往上梳，整张脸的轮廓显得更清楚，琪琪的黑发，深色面具与阴影，跟浓妆白脸与淡色背景形成抢眼的对比。曼·雷常玩弄黑与白的游戏，像深色物体放在浅色背景上，白肤与黑物的相对，或白纸上写黑字，他对这层美学的套用很执著。

前一张《黑与白》，琪琪用异国风情的面具触碰自己的脸，有意作一左一右的对照；后一张《琪琪》，他将灯光打在下方，背景产生她巨大的投影。在这两件作品中，艺术家借用另一个物体来衬托或增强琪琪的特色。

红唇的女主角

在一九三二到一九三四年间，曼·雷创作一张知名的《瞭望台的时间——爱人们》，充满白云的天空上，飘浮一张性感的大红唇，下端呈现山与树丛的自然景象。当时他跟琪琪早就各奔东西，这唇形一点不像她的樱桃小嘴，反而比较像李·米勒（曼·雷一九二九到一九三二年间的爱人）的宽唇，一般人也都这么猜测。然而在《自我肖像》中，他坦然揭发这红唇的由来：

> 有次，我正准备跟一群客户共进晚餐，琪琪帮我戴上袖口钮，称赞我的衣装与外表，还用手臂拥抱着我，温柔地亲吻我，叮咛我不要太晚回家。接下来，我与客户在一家当地最受欢迎的餐馆见面，用完餐之后，我们一同再到酒吧，

挂在曼·雷工作室里的画《瞭望台的时间——爱人们》（*Observatory Time – The Lovers*），上方描绘的大红唇，灵感来自于琪琪那温情的红唇

> 我邀请一位客户的妻子共舞，她要求我得先到洗手间整理衣装，我很惊讶地看着她，弄弄我的蝶形领结，拉拉背心，自认已够整齐了，应没有不妥的地方才对！当我到洗手间照镜子时，才发现我的领子上印有一对美丽的红唇，当时我把领子翻过来，微笑地走回大伙儿聚集的地方。之后，回到家脱掉衣服时，我把领子再翻回来，隔天早上秀给琪琪看，证明是她的嘴唇。

曼·雷也特别声明，琪琪的红唇就是他创作《瞭望台的时间——爱人们》的灵感来源。

真情与独立

琪琪不仅是一名很称职的歌手、舞者与模特儿，她本身也画画儿，一九二七年，她在巴黎的个人展，作品全都出售一空。同时，她也演过将近十部的实验性电影，其中除了曼·雷的《豆瓣》与《海之星》之外，还有雷捷导的《机械芭蕾》等。

一九三〇年，她二十八岁，正值青春绽放的年龄，在法国出版一本《琪琪的回忆录》，作家海明威与艺术家藤田嗣治很赞赏琪琪的性格，美丽荡漾与无羁的释放能量，还特别为她的书写序。海明威说："琪琪支配蒙帕拿斯的雄风更甚于维多利亚女王占领的维多利亚时代。"因而赢得"女王"的封号，她书中淫秽的文字，多姿多彩的情色话语，也被誉作"无价的床边字典"。近年来，两位作家比利·库鲁佛与朱莉·马丁更赞美她是二十世纪第一个真正懂得独立的女子。

令人心痛的是,她晚年过得很清苦,在最潦倒的时刻,她甚至还说:“我只需要一个洋葱、一点面包,与一瓶红酒,我相信总可以找到人愿意给我这些。”从这段话,表现她一生的沧桑、韧性与坚强,更说明她保有的一份乐观、不腐朽,与对人的信任。在她穷困时,曼·雷曾想尽办法资助她,但她却什么都不想要。这名看透人性的风尘女,从未忘记在人间享受过的一丝温暖,最终,她身上散发一股人性最高的尊严。

人间不灭的形象

原先,曼·雷陷入生活与创作的困境,还患有严重的忧郁症,难掩的痛苦导致他轻生的念头,然而自她出现之后,就像精灵挥棒似的,一改他病恹恹的习性。相处的六年间,她给他无限的爱与希望,他从低潮走向巅峰,琪琪的美丽持续到今天,成了人间不灭的形象,就在我们赞叹曼·雷艺术的同时,又怎能忘记他身后这名醉心的女子呢?

来自富裕贵格派家庭的潘罗斯，碰到作风很反传统、反宗教，并崇尚社会主义的薇仁谭，两人一拍即合，也因她神秘的美感、浓烈的诱惑力、难掌控的情绪，与谩骂的神经质倾向，把潘罗斯迷得晕头转向，不知如何是好。

以她为主题，他经常用无意识来创作，时过境迁后再往回端看，真的有一种惊人的预测效果；他试图帮助她走出阴霾，但他的深情抵得过她的歇斯底里吗？

剪不断、理还乱的情绪

罗兰·潘罗斯的薇仁谭

诗人、艺术家兼收藏家罗兰·潘罗斯在他的自传《碎片书》中谈到一九二四年的夏日：

> 打开铁门，竟发现面前站着一个大美女，她身穿一件传统裁制的黑衣，看起来很不错，拿着一支典雅的手杖，她的出现，对我来说相当意外，一下子难以适应，犹如雷电从晴朗的蓝天劈了下来。

当潘罗斯在大学念书时，曾有过一段同性恋的经历，从未陷入男女之情的他，遇见这位女子，立即被她的美丽震慑住，叫他不知如何是好。她是一位女诗人，名叫薇仁谭·鲍。

《薇仁谭·潘罗斯》(*Valentine Penrose*)，1933 年

潘罗斯与薇仁谭的合照，圣读让德吕兹，1930 年

潘罗斯生于伦敦，在富裕的贵格教派家庭中长大，从小就严禁玩牌、打撞球，不许赌博、喝酒，不准跳舞、听各种音乐(圣歌除外)，一天还得祷告三次，这种规律与禁欲的生活并未让他成为乖顺的小孩，反而造就他日后的反叛。第一次世界大战爆发后，他目睹人类前所未有的大灾难，无神论在他内心滋长，不再相信传统的价值，对社会规范与道德职守兴起一份强烈的质疑。战后，他进入剑桥大学专攻建筑，幸运的碰到画家兼艺术评论家罗杰·弗莱，他的创举与先见之明激励了年轻的潘罗斯，当

潘罗斯、薇仁谭与友人一起在海滩上留影，1925年

薇仁谭坐在瓦达(Jean Varda,1893–1971)的马赛克作品之前留影，1924年

他站在生涯的十字路口，弗莱建议他前往法国发展，于是他不顾家人反对，背起行囊到异地寻梦。

与潘罗斯一样，薇仁谭也来自上流社会，她的作风很反传统、反宗教，并崇尚社会主义，也急切想逃离家庭的束缚，渴望自由的生活，所以，他们能一拍即合绝非偶然。她有一张椭圆形的脸蛋，暗咖啡色的直发，杏仁般的棕色眼与姣好的身材，还具有神秘的美感，散发浓烈的诱惑力。最重要的，她无理性的诗，难掌控的情绪，谩骂的神经质倾向，这样的性格是潘罗斯过去未曾经历的，也因她的“童女”形象占据他的心，简直到了着魔的地步。他们的关系虽然起伏不定，但因爱得火热，认识了一年后，还是决定步入礼堂。

薇仁谭的诗得到爱尔华的青睐，由她搭起桥梁，介绍丈夫跟超现实文艺界人士认识，往后，他们的一生就跟超现实主义运动结下了不解之缘。

性爱的难题

他们的性爱关系遇到一个难题，那就是薇仁谭的阴道过小，虽向医生求救，但还是无能为力。不过，潘罗斯说："没关系，只要夫妻相爱，享受彼此的方式有很多，不该有任何限制才对。"此彰显他那善解人意的本性，有趣的是，他的性爱占有欲很强，关于这点，在《碎片书》里，他追踪性格的起源：

> 罗兰·潘罗斯有摆脱不掉的欲望，他要确定欲望之物不会远离，也不准从视线范围中消失，在最清醒时，他认为这跟小时候的模糊印象有关。当他还是小婴儿正在吮吸母奶时，有人突然将他抱走，交给奶妈，或许他的恐惧与占有欲就是根植于这朦胧记忆吧！也因如此，他渴望他的女人，

罗兰·潘罗斯《薇仁谭》(*Valentine*)，1925 年

> 她的爱全属于他的，这蛮横的态度不能做得太明显，绝不能触怒她，但又要保证她不会从他的手掌中消失，就如同他渴求母亲乳房那样，很难控制。在卡奈利海角附近的松树林顶端，他将他的初爱，裸身的薇仁谭绑在松树上，她感觉到很光荣，甚至因这突来的树丛仪式兴奋不已；但又因树脂伤到她柔嫩的肌肤恼怒起来。

在此，他以第三人称来回溯童年，来解读自己的现状，他与薇仁谭的性爱仪式，也因弗洛伊德的论述，让他明了到心理状态到底是怎么一回事。

三角关系的折磨

与超现实艺术家恩斯特结识，潘罗斯对他的“拓印法”与“搔刮法”技巧、创作的才气与丰富的想象力，欣赏不已。看完

夫妻俩的合影，1928 年

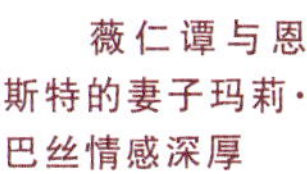
薇仁谭与恩斯特的妻子玛莉·巴丝情感深厚

恩斯特的创作集，还赞叹地说：“看了他的作品，就像起床后身在另一个国度。”他们的友情与日俱增，然而，薇仁谭却厌恶恩斯特到了极点，转而跟他的妻子玛莉·巴丝相好，彼此产生浓厚的情感。

一九二八年，恩斯特创作一幅《薇仁谭·潘罗斯的肖像画》，画里她的脸绷得很紧，一双愤怒的眼睛，冷冷地往前方斜视，背后重复一张空洞的脸，周围的三只手套象征三人行的爱恨纷争。根据潘罗斯的儿子安东尼记载，薇仁谭曾表示她不仅讨厌这幅画，更憎恨恩斯特，其实最主要有两个原因：一是他过去总对女体施以酷刑，她们变成他创作下的牺牲品，她反对此种态度；另外，她有一次偷听到恩斯特与诗人爱尔华的谈话，恩斯特表示根本瞧不起潘罗斯的画，爱尔华却问“若如此，那你为什么还鼓励他创作呢?”恩斯特用轻蔑的口吻回答：“能有个像潘罗斯这么有钱的朋友在身边，总是好的。”从此，她未曾给过他好脸色，发现丈夫对朋友那样掏心掏肺，她嫉妒之心油然而生。

貌合神离，束手无策

在一九二八年，潘罗斯画下一幅《岩石与花朵的对话》，这里明白地描绘他与妻子之间的关系。在这幅画里，左边有个石块，上面有红、蓝、黄与灰的色调交织，若仔细看，刻有娇媚的头、脸、发、乳房、细腰与蓬裙，一看就能辨识是薇仁谭的侧身；右边则是一个灰白与单调的石块，这尊活像潘罗斯本人，侧面有一根小细棍，支撑他那一身的沉重，这石块上端有一个小圆洞，透出蓝天，显示他心思的空洞，稍微往上之处还有另一个小洞，悬挂一小枝橄榄枝，代表他期待和平的来临。虽然她娇媚得很，脾气却常让人招架不住，虽然他们面对面，看起来好像在沟通的样子，其实，两人早已毫无交集。

一九三〇年，他继承父亲一大笔财产，从此能够随心所欲地花钱，于是他买下一栋很大、很古老的别墅，他与薇仁谭非常喜欢此建筑物，但他们的理想、对生活的态度分歧得厉害，虽然薇仁谭钟情超现实的诗，却认为启发的来源应来自于心，故必

正在养鸽子的薇仁谭，当时她与潘罗斯住在一个大别墅里，然而生活态度已渐渐分歧了

罗兰·潘罗斯《薇仁谭的背影》,1931 年

须借由沉思与冥想，往心灵内乞求才对；但另一方面，潘罗斯却倾向享乐主义，透过艺术，他找到无限的刺激与生命的源泉。他们努力作了某种程度的妥协，企图挽救濒临破裂的婚姻，潘罗斯甚至卖掉房子，在薇仁谭的家乡买下一大片庄园，还陪她到印度旅行半年，希望带给她快乐。然而，这面残破的镜子再也难以重圆了。

一张他在一九三一年为她拍的背影中，她美丽的身子往前走，背向他，他用此角度取景，似乎说明了在潜意识里，他知道她即将远走高飞。隔年，他画了一幅《薇仁谭与猫的肖像画》，在这里，她坐在一把椅子上，后面垫有红枕，身穿一袭蓝色的洋装，膝上有一只猫，一旁则有一个圆洞，里面摆放一朵白玫瑰。潘罗斯曾说，这只猫很野，脾气不好，凶得很，没人能管得了它，只有她才有办法。在画里，它的特征包括一双锐利的眼睛，耳朵往后竖起来，与向前伸的嘴巴，这些表现的性格跟薇仁谭简直一模一样。它在这儿代表她的超自我，在性的暗示中，小野猫象征女人的性器官，它的位置刚好放在薇仁谭的下体，然而她的手却有防卫的姿态，说明她拒绝潘罗斯，对他一点性趣也没有了；那朵白玫瑰象征她的纯洁，虽然她一直保有仙境般的美，但那冰冷的模样已狠狠地刺伤了他，这个小洞说明她那份急切逃离的渴望。

独立的个体，不再寻找彼此

一九三四年，他们的关系再度恶化，她非常厌恶超现实的创作，潘罗斯更花费两千三百英镑，资助导演布列松拍一部电影《公共关系》。这使她恼火，批评那些实验电影空洞、无用、轻蔑、没内容，但对潘罗斯而言，这些前卫、反叛、无理性的创作实验，正是他汲汲追求的，只能往前走，无法再回头了。若她不能接受，就等同轻蔑他的理想，原先性生活的困难，此刻再加上心灵的交战，两个独立的个体相形渐远，从此不再寻找彼此了。

薇仁谭在加尔各答的留影，她站在树下，穿上当地的服装，1933 年

潘罗斯这时候又创作一幅《叶子的肖像》，在此出现薇仁谭的正面与侧脸，暗暗的调性，很贴近印度的色感；她眼睛瞪得很大，眼神却很空洞，虽向前凝视，我们看着她，却难以了解她的心思。艺术家涂上白色点点，让多重的神秘感散布在整个画面，值得一提的是，当时薇仁谭认识奥地利画家沃夫冈·帕伦的妻子爱丽丝·芮红，她也是一位诗人，她们的同质性很高，热爱东方的冥想，两人还一起到印度旅行，她们的这段同性恋情也一

潘罗斯《薇仁谭》，1936 年

潘罗斯，在坎城一群超现实圈分子合照，1936年。由左至右：娜徐·爱尔华、薇仁谭、友人、保罗·爱尔华、毕加索、曼·雷

潘罗斯，在圣特鲁佩斯一群超现实圈分子合照，1936年。由左至右：薇仁谭、娜徐·爱尔华、多拉·马尔、友人、保罗·爱尔华、友人、毕加索

直维系到一九八七年爱丽丝去世为止。其实，这件作品的正脸与侧脸的交合，暗示两位女人的深情款款，很显然地，她与潘罗斯失去所有的热情，温度已降到了冰点。

一九三七年的仲夏，潘罗斯遇见摄影家李·米勒，她是一位“拥有巴黎最美丽的肚脐与最棒胸形”的美女，两人陷入情网后，在一九三八年，他跟薇仁谭正式离婚，结束十三年的婚姻关系。他特别创作《翅膀的面具：薇仁谭的肖像画》来诉说道别，在他内心里依然爱她，只是她已不再属于他了。她冷酷的脸，蓝蓝的、忧郁的、有距离的，她头上的啄木鸟与鸽子，眼睛与嘴巴充满好多的蛾与蝴蝶，这些昆虫与动物都有翅膀，正准备展翅高飞，即将飞得远远的。她的颈子上挂有荆棘的红玫瑰，一来代表潘罗斯家族的纹章："没有荆棘，就没有红玫瑰"；二来说明触碰爱情得经历疼痛，薇仁谭给他无限的喜悦，但同时又承受折磨，简直度日如年，难堪至极。在多年后，当潘罗斯跟儿子一同闲聊时，他说道："作这张画时，我知道她已经永远地走了。"

成就心灵的使命

原先是薇仁谭带领潘罗斯走进超现实圈，认识里面的文艺分子，不久后，两人却不得不在此漩涡里作最后的抉择，她选择离开，但他却热情地拥抱，他们两人的心没有了交集，各走各的路，也给对方完全的自由，往后他们的关系就如同兄妹一样。就算潘罗斯娶了米乐，生了小孩，薇仁谭有时还跟他的妻小共住

潘罗斯的家里客厅的一个墙画，左边大幅的那张是他画的《翅膀的面具：薇仁谭的肖像画》(*Winged Domino: Portrait of Valentine*)，1938年，油彩，画布，60×46厘米，由潘罗斯家族收藏

薇仁谭虽然已与潘罗斯离婚，但情同兄妹一样，此照片由李·米勒在 1940 年潘罗斯伦敦的家拍摄

潘洛斯买下法利农场后，薇仁谭还经常来探访，与潘罗斯的小孩做伴，这照片是李·米勒在 1952 年拍摄

在法利农庄里，这样的情谊多像一家人。

她是他的初恋情人，因为有她，潘罗斯走到一个迷惑的世界，找寻到自己要什么。对她而言，亦是如此。他们不遗憾，因已各自成就了心灵的使命，这一路走来虽然坎坷，但不虚此生。

艺术天才达利终其一生的创作，主题大都围绕在妻子卡拉身上，他不讳言地说："卡拉是我的血液。"

相伴五十多年，卡拉一路呵护他，无论走到哪里，总不断宣扬达利美学，她不但是他生活的支柱，更重要的，因她的存在，他扫除原有的焦虑、痛苦与神经质，最后成为一名全能的艺术家。

一位大他整整十岁的女人，如何有这般能耐呢？他又怎么看待她一身撩人的性感呢？

从妓女到圣母的摇摆形象

达利的卡拉

萨尔瓦多·达利终其一生在他出版的书籍与画作里，大都以卡拉为中心，他曾说："卡拉于我，就像佛娜瑞娜对拉斐尔一样重要。"又强调："卡拉是我的血液。"一位大他整整十岁的女人，成了他生命中唯一的爱情，但我们会不禁自问，她到底有怎样的能耐，可在艺术家的内心产生如此巨大的影响呢？

卡拉原名海伦娜·蒂维丽那·迪亚可诺夫，来自前苏联的鞑靼斯坦，双亲都是知识分子。从学校毕业后，她就在莫斯科教书，聪明伶俐的她，是一个懂得看清时事的女子。一九一三年，

李·米勒，取自于1930年拍的《萨尔瓦多·达利与卡拉》，此为原照片的局部

达利与卡拉的合照，1936年

因结核病的缘故，她被送到瑞士的疗养院就医，当时遇到诗人保罗·爱吕雅，两人相恋，二次世界大战期间，她决定到巴黎跟他重逢，两人很快结为连理。爱尔华是超现实运动的灵魂人物之一，卡拉很自然地加入这个圈子，变成不少诗人、艺术家们的亲密爱人与缪斯。一九二九年，达利邀请几位超现实圈的核心分子到卡塔奎斯度假，卡拉也在现场，达利第一眼看见她，就立

即无可救药地爱上她。

激情的拯救

超现实运动极力宣扬“无拘束爱情”的观念，认为人应该排除道德的顾虑与妒忌的心理，自由地选择性伴侣，也难怪当爱尔华得知自己的妻子与达利相恋，他未生妒忌之心，反而拱手成全。达利当时患有严重的歇斯底里，神经质的笑声常让人避之唯恐不及，然而他却发现卡拉听了之后，并未指责他，反而试着了解他，还紧握他的手说：“我的小男孩！让我们永不分离。”这让达利兴奋极了。

之后他们作了短暂的告别，他把自己关在房里，为心爱的女人画下一幅巨作，命名为《伟大的自慰者》。中间巨大的岩石状物代表达利本人，底下有一只被蚂蚁渐渐侵蚀的蚱蜢，这暗

卡拉于1924年在花园跳脱衣舞。

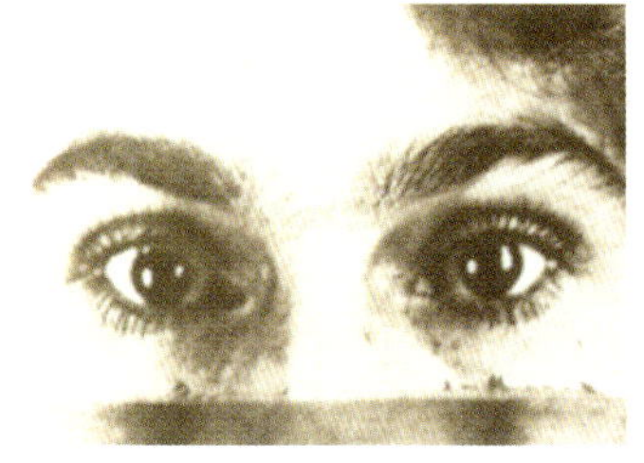

恩斯特1925年拍的照片，描绘卡拉有一双透视的眼睛，也就她那双慧眼辨识了达利不凡的天分

示他内心的焦虑；岩石右侧出现一个卡拉美丽的侧影，飞扬的发丝，闭上的眼睛，拉长的脖子，性感的肩膀与侧胸。她正陶醉地亲吻前端的阴茎，闻着性高潮的气味，胸前盛开的百合花象征因卡拉的激情，达利的性无能已被拯救了起来。

在《达利的神秘生活》著作中，达利说："卡拉注定是我的格拉蒂娃。"根据德国作家威汉·曾森的虚构小说，弗洛伊德在一九〇七年写下《曾森的〈格拉蒂娃〉的幻觉与梦》，他分析男主角的梦境，远古的女子格拉蒂娃转变成他潜意识里的爱情，她的存在有助于去除他的焦虑与痛苦，可想而知，在达利的心中，卡拉扮演的就是这般"治疗"角色。

达利的歇斯底里与性无能的困窘，因卡拉的出现，都一一迎刃而解。

远离权威的因子

达利狂烈爱上已婚的卡拉，让家族蒙羞，父亲简直火冒三丈，最后干脆把他赶出家门。随后他剃了光头，在海滩上挖个小洞，将头发埋起来，然后爬到小山坡上，坐在橄榄树下发呆，整整两个小时之久。思考他的出生、童年、青少年与此刻的一切，当时，他用照片蒙太奇的手法创作一件《卡拉与达利》，右侧是达利靠在墙面，没头发的样子，头上还放置一只死去的海胆，这张是由知名导演布努艾尔拍摄；左侧的卡拉坐在岩石上，露出甜美的笑容，这部分是达利拍的。达利将此影像一左一右地凑在一块儿，作为与卡拉永世结盟，犹如浴火凤凰般的重生。达利从小被家人宠爱有加，对生活的现实面一窍不通，父亲自信地

达利五岁时的照片，由上至下：奶妈、母亲、父亲、达利、阿姨、妹妹、奶奶。从小他就活在女人堆里，特别是年长的女人对他呵护有加，因此，卡拉的出现可说延续了艺术家童年的经验，只有她的爱，才能满足他

达利《卡拉与达利》，1931 年

向人诉说："不用担心，他总心不在焉，连买一张电影票都没办法，顶多一个星期，他一定会落得惨兮兮，回来乞求我的原谅。"然而他错了，卡拉的爱情已让达利从此不再回头了。

卡拉可算超现实运动的元老，对这些男性诗人与艺术家的

将上衣脱掉的卡拉，1930 年

卡拉、达利与收藏家爱德华·詹姆士在罗马的合照

想法了如指掌，她慎重地警告达利："他们将要活活把你吃掉。" 在超现实圈的"家庭"（集体的政治思想）里，对达利而言，领袖安德烈·布勒东的存在暗示着父亲的权威，于是他作了一幅《威廉·退尔的谜》，并坦诚地说："威廉·退尔代表我的父亲，在他肩上的那个小孩就是我，摆在我头上的是一片未煮的肉，并非苹果，他正计划要把我吃掉；他脚边的小核果包裹了一个小孩，那代表我妻子卡拉，她持续受到他的威胁，只要他的脚稍微动一下，核果就会被压碎。"达利想尽办法突破桎梏，如弗洛伊德描述的："对抗父亲的威严，然后超越过来的人，就是英雄。"若没有卡拉的怂恿，他永远身陷在权威里难以自拔，因为有她，他变得不怯懦，开始懂得反抗。

这张《威廉·退尔的谜》引发轩然大波，若细看画中的大人物，他的脸长得很像列宁，左翼分子抨击达利在嘲弄他们的精神领袖，布勒东更将此画视为“反革命行动”的作品。在一九三四年，他们开了一场审判会，决定达利的去留。当达利抵达现场时，像小孩子一样顽皮，他嘴里含有一支温度计，身上裹着厚重的毛衣，颈边围上围巾，说他感冒了。布勒东当场将控诉一条接一条念出来，但达利却心不在焉，不断察视他手上的温度计，然后开始一件接一件地把衣服脱掉，边演讲，边跳脱衣舞。最后他们把“无政治”思想的达利驱逐出境，达利对这群反传统、反宗教、反道德的激进分子感到不屑，也认为他们原先鼓吹自由，最后演变成另一形式的霸权，并形容他们的思想已成“一双过时的破鞋”。

或许因政治的纷乱，卡拉早就不看好欧洲的前景，预测黯淡的日子即将来临，并教导达利如何看清局势；她很了解达利的艺术天分，因此不断鼓励他，让他有信心面对人群，他义无反

卡拉与达利的合照，1930 年

潘罗斯筹办的“国际超现实展览”，达利展了一幅《梦》(*Dream,1931*)，1936年照片中的四名人物分别为达利、卡拉、保罗·爱尔华与潘罗斯

达利正在念自己的著作《达利的神秘生活》(*The Secret Life of Salvador Dalí,1942*)给卡拉与出版家考斯比听

1941年，在加州举办的一场“噩梦”化装舞会里，卡拉戴上一具马头，坐在覆盖红色天鹅绒被上，达利在此穿上绸缎的上衣与黑色丝袜，变成三头怪人

卡拉与达利一起合作《维纳斯之梦》(*Dream of Venus*)

顾的勇气与行径全来自于她背后的支持。

死亡的惊悚与爱情的乐章

达利在一九三三年著作一本《米勒晚祷的悲剧迷思》，阐述他从小如何受米勒的《晚祷》启发与影响，达利还特别将这幅画送给专人作 X 光的检测，发现介于男女中间的篮子，原本画的是一只装死婴的棺材。表面上，这一对男女因听见远方教堂的钟声响起，便低下头祷告，看来很像一幅宗教画；然而，在达利的眼里却有另类的解读，他认为小孩的死亡，象征大人性交的复活，这害羞的男子拿帽子遮住他勃起的阴茎（一旁立起的锄头），合掌的女子在谦逊的外表下，却隐藏一阵性的狂喜（背后的推车手把暗示外开的阴唇或双腿）。达利用他们的姿态，再根据自己与卡拉的外形轮廓，制作一对画，称为《情侣，头充满着云》，告知他与卡拉的爱情就如同《晚祷》的男女一

米勒《晚祷》(*L´Angélus*)，1859年，画布，油彩，55.5×66厘米，巴黎罗浮宫

样狂妄。

画的右侧，头往一边倾的是卡拉，框内的下方有一张桌子，铺上一块皱褶起伏的白布，仿佛像女孩的舞动裙摆，显得多么煽情，多令人兴奋啊！就像《晚祷》中的女子暗示蠕动的情欲。在这里，除了"性爱"，达利也点出"死亡"的意象，一九三三到一九三四年时，他也另外画了一幅《薄暮的返祖现象》，画中的男子已经变成一只骷髅，其实这与米勒装死婴的棺材有关。总之，在达利的作品中，死亡的惊悚与爱情的乐章经常同时并列，也印证了弗洛伊德对人性的预言。

裸背与腋下的天堂

若问现代艺术家中，谁最能感受女人背部的性感呢？就非达利莫属了，这迹象在他无数的作品中清晰可见，像一九四五年的《我的妻子、裸女，凝视肉体幻化为阶梯及柱子、天空、建筑物》与一九七六年的《卡拉正在注视地中海，以二十米的距

塞西尔·比顿（Cecil Beaton）卡拉与达利在作品《情侣，头充满着云》(Couple aux têces plenines de nuages,1936)前摆姿

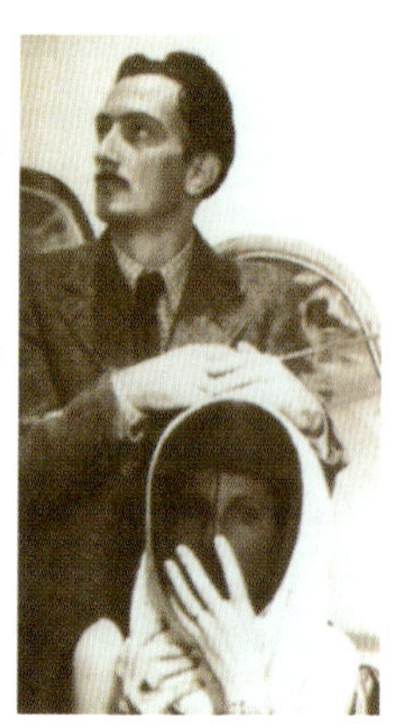

塞西尔·比顿(Cecil Beaton)，卡拉与达利在作品《情侣，头充满着云》，(Couple aux têces plenines de nuages,1936)前摆姿

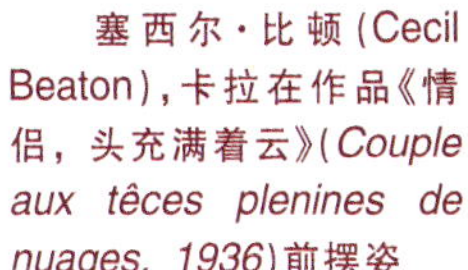

塞西尔·比顿(Cecil Beaton),卡拉在作品《情侣，头充满着云》(*Couple aux têces plenines de nuages, 1936*)前摆姿

离,它转为一张林肯的肖像》,他描绘卡拉的裸背,将之幻化为辉煌的圣殿,古希腊的雕像,美国自由的空气与亮丽的地中海光线。他曾经针对卡拉背部说:

> 她仍有小孩的肌肤,她肩膀两侧与肌肉有成人的健壮紧度;但另一方面,她背部窄小,很明显,相当女性化,连接着躯体苗条的强劲、精力与傲气,她纤细的腰,让她的屁股看起来更美丽,更引发人的强烈性欲。

卡拉的腋下也是另一个迷人之处,在画里,达利喜欢在手臂和身体之间露出空隙,其实,艺术家特意邀请我们观赏她无毛的腋下,还说:“我在她的无毛腋下,寻找天堂。”

象征肉欲与精神的食粮

达利对卡拉的爱情之深已成不争的事实，认识后二十年内,她浑身的性感被转化可吃、可闻、可看、可触碰的愉悦。若谈到吃,他知名的“软钟”暗喻那品尝软起司时,瞬间的喜悦高潮;同样地,卡拉的美让他情不自禁地想吃下去。在一九四四年到一九四五年间画的一幅《卡拉玲娜》,袒露出卡拉的右侧乳房,此性感部位很像他同年作的另一张《面包篮》,达利说:

> 在完全没有计划之下,我画了面包,若用精确态度作分析,卡拉交叉的手臂跟面包篮样子是类似的,她的乳房很像一条面包肿胀的部位。过去我画过卡拉,将两片羊排骨均衡地摆在她肩上,表示我有想吃她的欲望,那时候,生肉片在我的想象力中扮演一个重要的角色。现在,卡拉提升了,她已经变成我的面包篮了。

所谓“两片羊排骨”,也就是他一九三三年画的《卡拉肩膀上的两块均衡的羊肉排骨》,虽说羊肉排骨与面包都等同食品,但层次却很不一样,在圣餐的仪式里,面包代表耶稣的身体,暗示崇高与神圣的宗教性。

圣洁的女神

从二十世纪四十年代后期开始,卡拉原先的“致命吸引力的女体形象” 被带到另一个宗教的境界, 像《利加特港的圣母》与《耶稣受难》之前象征面包的乳房仅属于间接性的隐喻,但此刻,达利直接把卡拉画成圣母玛利亚的样子。还有,在另一幅《哥伦布发现美国新大陆》中,卡拉被放在左侧旗帜图案上,头边的光环,斜侧的脸,上仰的眼睛,紧握胸前的双手,

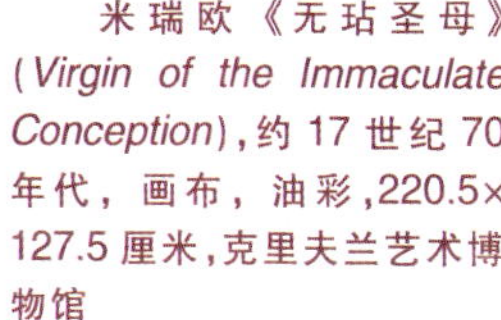

米瑞欧《无玷圣母》(*Virgin of the Immaculate Conception*),约17世纪70年代，画布，油彩,220.5×127.5厘米,克里夫兰艺术博物馆

俨然一副全心奉献的模样。从这个姿态可以推测,应由穆利罗的《无玷圣母》那儿得到的灵感。他更在一九四五年所画的《卡拉的三张脸出现在岩石间》,将她刻画成天父、圣子、圣灵三合一的神,从这儿,达利将妻子升华到神的地位,如此崇高!

形而上学的象征

在《神秘的宣言》中,达利写道:

一九四五年八月六日发生原子弹爆炸,带给我极度的震惊，从那时起，原子变成我思想的中心……我用我的批判妄想症方式来分析世界。我想要探查并了解事物隐藏的力量与律法，若拥有这些的话，在我的权力控制下，就能帮我看透现实的核心，一个展现在我面前的灵感就是"神秘"，那也就等同深沉的直觉知识，一种跟万物直接沟通的，真理与神的恩典散发出来的绝对视野……我狂喜！我哭了，神人交合的狂喜，我拥有完美，或许我已找到了美丽之眼！就让学院主义、艺术的官僚制度、装饰性的剽窃，与非洲艺术疯狂的无条理都毁灭吧！

从这段叙述，他赞颂文艺复兴的一切，正往新柏拉图的美学之路发展，他在自己的著作《神奇技巧的五十个秘密》里，谈论他的革新观念，这时他全身心投入古典的、精神的，与原

卡拉与达利正站在《利加特港的圣母》(*The Madonna of Port Lligat*)面前，1950年，画布，油彩，144×96厘米，东京私人收藏

虽然达利与卡拉已在一九三四年结婚，但当时未受到天主教会的祝福，因为卡拉的前夫保罗·爱尔华还活着，在他一九五二年过世后，这对情人补办一场天主教的婚礼，这张照片是当时拍下来的。

夫妻俩在利加特海港的住处，达利视卡拉为女神。

子核时代的艺术创作。他画下像《丽达原子》、《球体的卡拉玲娜》等作品，卡拉有时飘浮在空中，有时结合散落的球分子，达利说："我成功地创造飘浮空间，卡拉变成我形而上学的女神。"

形象的完美无瑕

无论达利走到哪里，卡拉就跟到哪里，始终呵护他，绝不让人伤害他。达利原本是一个神经质的小男孩，但卡拉的出现，不但扫除他的焦虑与痛苦，也成了他的爱人、模特儿、经纪人、知性的朋友与生活的支柱；最重要的，她把他从"家庭"（亲生父

达利与卡拉在利加特海港的住处。

亲与安德烈·布勒东的权威）的束缚中拯救出来，在这一点，达利一直心怀感激。

虽然不少接触过卡拉的人，抨击她过度的物质主义，嗜财如命，但在达利心中，她是世上最感性、最美丽、最神圣，及最了解他的一位缪斯。

中英名词对照表

按照内文出现顺序排列

爱与美的惊叹！

弗朗西斯·培根（Francis Bacon,1909－1992）

卢西恩·弗洛伊德（Lucian Freud,1922－）

超现实教宗（the "Pope" of Surrealism）

安德烈·布勒东（André reton,1896－1966）

照片拼贴（photomontage）

《超现实的革命》（*La Révolution Surréaliste*）

马格利特（René Magritte,1898－1967）

《我没看到藏在森林的女人》（*Je ne vois pas la femme cache dans le foret*）

裘门·柏顿（Germaine Berton,1902－？）

法兰西行动（Action Francaise）

国王的报贩（Camelots du Roi）

梅利尔斯·普雷图（Marius Plateau,1886－1923）

路易斯·阿拉贡(Louis Aragon,1897—1982)

童女(femme—enfant)

致命吸引力的女体(une femme—fatale)

《自动书写》(*L'Ecriture Automatique*)

《茱迪斯之一》(*Judith I*)

帕里斯的判决(The Judgment of Paris)

鲁本斯(Sir Peter Paul Rubens)

最体贴的化身

苏菲妮丝芭·安贵叟拉(Sofonisba Anguissola,1532—1625)

席勒(Egon Schiele,1890—1918)

梵高(Van Gogh,1853—1890)

伦勃朗(Rembrandt,1606—1669)

丢勒(Albrecht Dürer,1471—1528)

克雷梦那(Cremona)

坎毕(Bernardino Campi,1522—1591)

帕琳桂芮(Ilya Sandra Perlingieri)

瓦萨里(Giorgio Vasari,1511—1574)

《艺术家的生活》(*Lives of the Artists*)

芳达娜(Lavinia Fontana,1552—1614)

珑乙(Burbura Longhi,1552—1638)

加里兹亚(Fede Galizia,1578—1630)

洛马佐(Gian Paolo Lomazzo,1538—1600)

巴尔迪努奇(Filippo Baldinucci,1624—1696/7)

索普安尼(Raffaedlo Sopriani)

契斯特(Gian Battista Zaist)

提香(Titian 1488—1576)

菲立普二世(Philip Ⅱ)

洛米里诺(Orazo Lomellino)

一刹那的觉醒动人

约翰内斯·维米尔(Johannes Vermeer,1632—1675)

艾提恩·透瑞(Etienne Joscph Théophile Thoré,1807—1869)

圣路克同会(St Luke´s Guild)

彼特·韦柏(Peter Webber)

卡特琳娜·博尔妮丝(Catherina Bolnes,1632—1688)

激起涟漪的诗篇

方丹·拉图尔(Henri Fantin—Latour,1836—1904)

爱德华·马奈(Édouard Manet,1832—1883)

巴齐耶(Frederic Bazille,1841—1870)

莫奈(Claude Monet,1840—1926)

雷诺阿(Pierre—Auguste Renoir,1841—1919)

左拉(Émile Zola,1840—1902)

维多利亚·默兰(Victorine Meurent,1844—1927)

波德莱尔(Charles Baudelaire,1821—1867)

贝尔特·莫里索(Berthe Morisot,1841—1895)

柯罗(Jean—Baptiste Camille Corot,1796—1875)

苏珊妮·蕾荷芙(Suzanne Leenhoff)

哥雅(Francisco Goya,1746—1828)

路易斯·爱斯诺德(Louis Esnault)

艾瑟·德·布瓦西厄(Arthur de Boissieu)

伊娃·冈萨雷斯(Eva Gonzales,1849—1883)

毕沙罗(Camille Pissarro,1830—1903)

西斯莱(Alfred Sisley,1839—1899)

德加(Degas,1834—1917)

保罗·瓦雷里(Paul Valéry,1871—1945)

尤金(Eugene,1834—1892)

一万个永恒的春天

古斯塔夫·克里姆特(Gustave Klimt,1862—1918)

爱蜜丽·芙萝菊(Emilie Flöge,1874—1952)

阿尔玛·马勒渥佛(Alma Mahler—Werfel,1879—1964)

约瑟夫·霍夫曼(Josef Hoffmann,1870—1956)

科罗曼·莫塞尔(Koloman Moser,1868—1918)

艾尔·格列柯(El Greco,1541—1614)

亨利·威尔德(Henry van de Velde,1863—1953)

康丁斯基(Wassily Kandinsky)

引人遐思的性感尤物

劳德(Ronald Lauder,1944—)

慈宁(Hubertus Czernin,1956—2006)

玛丽亚·阿特曼(Maria Altmann,1916—)

阿德勒(Adele Bloch—Bauer,1882—1925)

斐迪南德(Ferdinand Bloch—Bauer)

《白魔鬼》(*The White Devil*)

《高贵》(*Le Noble*)

《我的前公爵夫人》(*My Last Duchess*)

布朗宁(Robert Browning,1812−1889)

《神圣的春天》(*Ver Sacrum*)

马勒(Gustav Mahler,1860−1911)

施特劳斯(Richard Strauss,1864−1949)

席勒(Egon Schiele,1890−1918)

柯克西卡(Oskar Kokoschka,1886−1980)

摩斯(Carl Moos,1878−1959)

斯蒂芬·茨威格(Stefan Zweig,1881−1942)

阿图尔·施尼茨勒(Arthur Schnitzler,1862−1931)

瑞那(Karl Renner,1870−1950)

塞尚(Paul Cézanne,1839−1906)

埃尔·格列柯(El Greco,1541−1614)

慧眼下的独立的灵魂

乔治亚·欧姬芙(Georgia O´Keeffe,1887−1986)

阿尔弗雷德·斯蒂格里茨(Alfred Stieglitz,1864−1946)

安塞尔·亚当斯(Ansel Adams,1902−1984)

埃利奥特·波特(Eliot Porter,1901−1990)

窦德·伟柏(Todd Webb,1905−2000)

伊文·潘(Irving Penn,1917−)

尤素福·卡什(Yousuf Karsh,1908−2002)

阿诺德·纽曼(Arnold Newman,1918−2006)

爱妮塔·玻里兹(Anita Pollitzer,1894—1975)

亨利·麦克布瑞德(Henry McBride,1867—1962)

生命中唯一的温柔与美丽

维尔汉·哈马修伊(Vilhelm Hammershøi,1864—1916)

艾妲(Ida Ilsted,1869—1949)

恺郭尔(Niels Christian Kierkegaard,1806—1882)

格伦沃尔(Holger Grønvold)

佛门伦(Frederik Vermehren,1823—1910)

艾基斯伯(Christoffer Wilhelm Eckersberg,1783—1853)

汉森(Constantin Hansen,1804—1880)

可柏口(Christen Købko,1810—1848)

彼德·史分林·可洛宜(Peder Severin Krøyer,1851—1909)

雷斯达尔(Jacob van Ruisdael,1628—1682)

霍赫(Pieter de Hooch,1629—1684)

狄更斯(Charles Dickens,1812—1870)

惠斯勒(James Abbott McNeill Whistler,1834—1903)

约翰·拉斯金(John Ruskin,1819—1910)

勃纳尔(Pierre Bonnard,1867—1947)

霍普(Edward Hopper,1882—1967)

卡尔·麦德森(Karl Madsen)

乔治·米勒·彼尔德(George Miller Beard,1839—1883)

迪雷(Théodore Duret,1838—1927)

里尔克(Rainer Maria Rilke,1875—1926)

回荡在°0与100°之间的爱情

毕加索(Pablo Picasso,1881—1973)

费尔南德·奥利维(Fernande Olivier,1881—1966)

艾娃·谷维(Eva Grouel,1885—1915)

欧嘉·科克洛瓦(Olga Khoklova,1891—1954)

玛丽泰蕾兹·沃尔特(Marie-Thérèse Walter,1909—1977)

多拉·马尔(Dora Maar,1907—1997)

方斯华姿·吉洛(Françorse Gilot,1921—)

杰奎琳·洛克(Jacqueline Roque,1926—1986)

约翰·理查森(John Richardson)

保尔·艾吕雅(Paul Éluard,1895—1952)

海蕊特·西欧多拉·马可维奇(Henriette Theodora Markovitch)

凯法(Pierre Kéfer)

巴赞(Germain Bazin)

巴塔伊(Georges Bataille,1897—1962)

詹姆·洛德(James Lord)

曼·雷(Man Ray)

瑞蒙·马森(Raymond Mason)

杜尚(Marcel Duchamp,1887—1968)

《与毕加索在一起的生活》(*Life with Picasso*)

《被尾巴拖曳的欲望》(*Desire Caught by the Tail*)

《奥林匹亚》(*Olympia*)

《妲妮与女仆》(*Danae with Nursemaid*)

一只飞舞双翼的美丽蝴蝶

阿米地奥·莫迪里阿尼(Amedeo Modigliani,1884—1920)

珍妮·荷布特妮(Jeanne Hébuterne,1898—1920)

拉瑞特(Ortiz de Zarate)

欧洛夫(Chana Orloff,1888—1968)

藤田嗣治(Tsuguharu Foujita,1886—1968)

兹柏罗斯奇(Léopold Zborowski,1889—1932)

柏丝·威尔(Berthe Weil)

布雷斯·桑卓斯(Blaise Cendrars,1887—1961)

雷欧普·叙尔瓦奇(Lépold Survage,1879—1968)

索拉(Thora Klinckowstrom)

拉贝(Germaine Labaye)

查卜林(Patrice Chaplin)

《黑暗中的笑容》(*Into the Darkness Laughing*)

路妮亚·捷克库斯卡(Ludnska Czechowska)

波提切利(Botticelli,1445—1510)

安格尔(Jean Auguste Dominique Ingres,1780—1867)

埃尔·格列柯(El Greco,1541—1614)

戒指、火红、围巾、与白日梦的遐想

漩涡艺术运动(Vorticist Movement)

温德姆·路易斯(Percy Wyndham Lewis,1882—1957)

艾略特(E.S.Eliot,1888—1965)

葛莱丝·安·郝斯金司(Glays Anne Hoskins,1900—1979)

芙萝安娜(Froanna)

爱芮丝·贝瑞(Iris Barry,1895–1969)

南西·康那(Nancy Cunard,1896–1965)

安格妮丝·贝德佛特(Agnes Bedford,1892–1969)

《为爱复仇》(*The Revenge for Love*)

《自我谴责》(*Self Condemned*)

高更(Paul Gauguin,1848–1903)

《冬天的海雾》(*The Sea–Mists of the Winter*)

人间不灭的形象

爱丽丝·安尼斯坦·普琳(Alice Ernestine Prin,1901–1953)

柴姆·苏丁(Chaim Soutine,1893–1943)

德朗(André Derain,1880–1954)

巴辛(Jules Pascin,1885–1930)

埃明内·大卫(Hermine David,1886–1970)

谷克多(Jean Cocteau,1889–1963)

佩尔·克罗格(Per Krohg,1889–1965)

奇斯林(Moise Kisling,1891–1953)

亚历山大·考尔德(Alexander Calder,1898–1976)

玛莉·瓦西利夫(Marie Vassilieff,1884–1957)

吉奥乔尼(Giorgione,C.1477–1510)

凯·博伊尔(Kay Boyle,1902–1992)

《豆瓣》(*Emak–Bakia*)

《回归理性》(*The Return to Reason*)

李·米勒(Lee Miller,1907–1977)

《海之星》(*L'étoile de mer*)

雷捷(Fernand Léger,1881—1955)

《机械芭蕾》(*Ballet Mécanique, 1924*)

比利·库鲁佛(Billy Klüver,1927—2004)

朱莉·马丁(Julie Martin)

剪不断、理还乱的情绪

罗兰·潘罗斯(Sir Roland Penrose,1900—1984)

《碎片书》(*Scrap Book*)

薇仁谭·鲍(Valentine Boué,1903—1978)

罗杰·弗莱(Roger Fry,1866—1934)

恩斯特(Max Ernest,1891—1976)

拓印法(frottage)

搔刮法(grattage)

《薇仁谭·潘罗斯的肖像画》(*Portrait of Valentine Penrose*)

《岩石与花朵的对话》(*Conversation Between Rock and Flower*)

《薇仁谭与猫的肖像画》(*Portrait of Valentine with Cat, 1932*)

布列松(Robert Bresson,1901—1999)

《叶子的肖像》(*Portrait of a Leaf*)

沃夫冈·帕伦(Wolfgang Paalen,1907—1959)

爱丽丝·芮红(Alice Rahon)

从妓女到圣母的摇摆形象

萨尔瓦多·达利(Salvador Dalí,1904—1989)

卡拉(Gala)

佛娜瑞娜(La Fornarina)

海伦娜·蒂维丽那·迪亚可诺夫 (Helena Devulina Diakonoff, 1894—1982)

保尔·艾吕雅(Paul Éluard,1895—1952)

《伟大的自慰者》(*The Great Masturbator,1929*)

《达利的神秘生活》(*The Secret Life of Salvador Dalí,1942*)

威汉·曾森(Wilhelm Jensen,1837—1911)

《曾森的〈格拉蒂娃〉的幻觉与梦》(*Delusion and Dream in Jensen's Gradiva*)

布努艾尔(Luis Buńuel,1900—1983)

安德烈·布勒东(André Breton,1896—1966)

《威廉·泰尔的谜》(*The Enigma of William Tell,1933*)

列宁(Vladimir Ilyich Ulyanov,1870—1924)

《米勒早祷的悲剧迷思》(*Mythe tragique de l'Angelus de Millet*)

米勒(Jean—François Millet,1914—1875)

《薄暮的返祖现象》(*Atavism at Twilight*)

《我的妻子、裸女,凝视肉体幻化为阶梯及柱子、天空、建筑物》(*My Wife,Nude,Contemplating her Own Flesh Becoming Stairs, Three Vertebrae of a Column,Sky and Architecture*)

《卡拉正在注视地中海,以二十公尺的距离,它转为一张林肯的肖像》(*Gala Looking at the Mediterranean Sea which from a Distance of 20 Meters is Transformed into a Portrait of Abraham Lincoln*)

《卡拉玲娜》(*Galarina*)

《面包篮》(*The Bread Basket*)

《卡拉肩膀上的两块均衡的羊肉排骨》(*Gala with Two Lamb Chops in Equilibrium on Her Shoulder*)

《耶稣受难》(*Crucifixion*)

《哥伦布发现美国新大陆》(*The Discovery of America by Christopher Columbus*)

米穆利罗(Bartolomé Esteban Murillo,1617－1682)

《卡拉的三张脸出现在岩石间》(*Three Faces of Gala appearing among the Rocks*)

《神秘的宣言》(*The Mystical Manifesto*)

《批判妄想症方式》(*Critical－paranoiac method*)

《神奇技巧的五十个秘密》(*Fifty Secrets of Magic Craftsmanship*)

《丽达原子》(*Leda Atomica*)

《球体的卡拉玲娜》(*Galatea of the Sphere*)